傳統‧現代與記號學

何秀煌 著　　　東大圖書公司 印行

國家圖書館出版品預行編目資料

傳統・現代與記號學：語言・文化和
理論的移植／何秀煌著．--初版．--
臺北市：東大發行；三民總經銷，
民86
　　　面；　　　公分．--(滄海叢刊)
ISBN 957-19-2132-7（精裝）
ISBN 957-19-2133-5（平裝）

1.哲學-論文，講詞等
107　　　　　　　　　　　　86008758

國際網路位址　http://sanmin.com.tw

© 傳 統・現 代 與 記 號 學
——語言・文化和理論的移植

著作人　何秀煌
發行人　劉仲文
著作財
產權人　東大圖書股份有限公司
　　　　臺北市復興北路三八六號
發行所　東大圖書股份有限公司
　　　　地　址／臺北市復興北路三八六號
　　　　電　話／五〇〇六六〇〇
　　　　郵　撥／〇一〇七一七五——〇號
印刷所　東大圖書股份有限公司
總經銷　三民書局股份有限公司
門市部　復北店／臺北市復興北路三八六號
　　　　重南店／臺北市重慶南路一段六十一號
初　版　中華民國八十六年八月
編　號　E 10026
基本定價　貳元捌角
行政院新聞局登記證局版臺業字第〇一九七號

ISBN 957-19-2133-5（平裝）

前　言

　　二十世紀已經走到尾聲。新世紀的步調由遠而近，隱約可聞。在
這世紀之交，回顧前塵，往事歷歷。展望將來，悲喜交集。

　　就人類群體的大者觀之，人類懷抱過多少夢想，人類也遭受到多
少苦難。人類生發多少情思，人類也面臨多少重創。經歷這樣的一個
多彩多姿的世紀，人類的生活是否演變得更加幸運快樂？經歷這樣一
個多災多難的世紀，人性的內涵是否進化得更加深刻崇高？人類的理
性是否更加圓滿成熟？人類的感情是否更加純潔真摯？

　　就自己個體的小我觀之，自己有幸見證這半個世紀的興建解構，
體驗這一甲子的生滅變化，在這大時代裡生息養志，琢磨鍛鍊。多少
衷心的希望，多少刻苦的探索，多少困人的疑惑，多少惱人的失望。
現在，歷經四、五個十年之後，個人的成長如何？自己的修養怎樣？
回顧少小時候的立志，重溫年輕時代的熱情，如今自己的旨趣有沒有
在快樂喜悅中成熟圓融？個人的志節有沒有在困惱淒切間提鍊超升？

　　自己是個讀哲學的人。讀哲學的人，對時代的希望，總是先在思
想和情懷上加以肯定。同樣地，讀哲學的人，對於時代的困局，也總
是先在思想和情懷上加以解決。現在這個新舊世紀之交，我們躬逢一
個什麼樣的時代？我們懷抱著什麼偉大的希望？我們面臨著什麼惱人
的困局？

　　經過二十世紀的大膽實驗和深切試誤之後，人類的理性變得更加
開明和清澈。可是，我們的感情有沒有相應地變得更加真實和深刻？

我們的道德有沒有對比地變得更加美好和堅定?

　　二十一世紀將會是個充滿希望的世紀。通過中西文化交流,我們喜獲他山之石;藉著傳統與現代之會,我們益加貫通今古智慧。加以資訊科技發達,世界有無互通。全球一家,四海比鄰。真理風行,天下為公的境地,不再只是癡人說夢,而是可以設想計議的理想。尤其下一世紀將是科技再向另一高峰突飛猛進的世紀。今日我們心存焦慮,無法解決的能源問題和環保問題等,都將一一得到比較完善的解決。加以電腦和資訊工業的進步,人工智能及自動化的長足開發,人類將擁有更多空暇,去計慮他的生命,享受他的人生。可是除了知識上的長進,除了科技上的發達,除了物質上的豐盛之外,新世紀裡的人類精神狀態又會是什麼樣子呢? 我們已經可以約略看出二十一世紀的人類理性,可是二十一世紀的人類感情如何? 二十一世紀的人類道德怎樣? 二十一世紀的人性又會呈現出什麼樣的面貌? 我們除了致力於地球的環保,我們還要不要努力進行感情的環保? 進行道德的環保? 我們要不要致力提倡人性的環保?

　　這本文集所收的,是作者最近五年來的部份作品。在這世紀之交,在回顧和展望之中,在悲喜交集之餘,作者討論了傳統與現代,道德與感情,電腦、人性和神性,歷史和文化,以及文化之間的互相觀摩和彼此移植等問題。作者在探討這些問題的時候,經常採取語言和記號學的觀點,因此,作者討論了概念與意義,詮釋與還原,理論與翻譯。

1997年2月17日於香港

傳統・現代與記號學

——語言・文化和理論的移植

目　次

前　言

傳統哲學研究的方法論難題　　\ 1
　　——論中國哲學研究的「語言」

現代・現代性與現代化　　\ 15
　　——語言、概念與意義

新世紀的道德教育　　\ 61
　　——從記號學的觀點看道德教育的形式與內容

從記號學的觀點看翻譯　　\ 89

電腦人性與人性電腦　　\ 115
　　——人類神性與神性人類

歷史的「詮釋」和歷史的「還原」　　\ 135

——對於「宜蘭研究」的一些思考

語言‧文化與理論的移植　　＼161
　　——一個人文生態的思考

傳統哲學研究的方法論難題
——論中國哲學研究的「語言」

0.前言：傳統哲學的後設語言的後設語言

任何一句話要能成立，其背後總是有許多假定已經成立的話。同樣地——而且是在更高的層次上——一個理論要能給人加以論述證立，其背後總有一些假定已經證立、不再成為問題的理論。不過，有時我們所假定成立的話語、或者假定已經證立或不成問題的理論卻遠遠不是那麼明白確定——到底是不是已經成立，到底是不是不成問題。尤有甚者，隨著時代文化風氣的轉移，研究識野的拓寬，新方法的開展，甚至新學理新論點的出現，我們往往將舊日認為已經證立的話語或理論，重新提出來加以探究研討，尋求更清楚更明確的結論。也就因為這樣，過去給人認為是沒有問題或不成問題的話語或理論，現在可能又變成不是沒有問題，又變得成了問題。

當然假定一個語句成立並不表示該語句真的成立，假定一個理論不成問題並不等於該理論真的沒有問題。

每當我們討論著很基本或很重大的問題時，我們往往假定著某些基本的理論，甚或重大的理論。可是我們又不想首先花費心思去證驗這些理論。因為正像上面所說的，今日我們努力加以證立的理論，在明日的學風和識野之下，可能需要重新加以給證——也許使用不同的方法，運用不同的概念架構，參照不同的思考問題的「坐標系統」。

　　作者使用「假設主張」指稱為文立論中那些可以重新檢討，但卻暫定不成問題的想法、見解或理論❶。

　　在這個討論裡，作者準備採取下列的「假設主張」：

　　第一，「傳統哲學」是在某種「哲學傳統」之間塑造成型和轉化變樣的。所以，要對某一傳統哲學加以探討研究，闡釋發揮，甚至吸取應用的話，我們必須緊靠著該傳統哲學所由出的哲學傳統去進行，才不致淪為表面的影射或牽強的附會。

　　可是，哲學傳統是整個文化傳統的一部份，它在廣大的文化傳統的種種成素之間，內呼外應和拱托支持，以及交互抵制和力爭長短之下，滲透吸納，內減外加，而拓展，而成型，而演化，而變型。所以：

　　第二，哲學傳統不是可以輕易地孤立抽離，單獨處理——不管我們注重的是闡釋發揮，還是開展應用。假如我們著眼的是闡釋發揮的工作，我們不可避免地需要使用一套用來陳說，用來比對，用來解釋舊概念，以及用來引介新概念的「後設語言」。這是在方法上無法迴避的事。膽大無忌的「創造性的闡釋」固然明明白白地創制了另一套與對象理論不同的（後設）語言；就是認認真真的「以經解經」的闡釋在方法上也不能只是重複概念，再述論點，淪落於循環迴文的境地。然而，這裡所需的闡釋用的後設語言要怎樣構成呢？顯然我們必須走出原有的對象理論的語言之外，才能對傳統哲學做出適當而有益的闡釋。不過我們得進一步發問：適當或不適當，其標準何在？有益無益到底是針對何種目的而發？

　　第三，任何有意的行為都具有或明顯或隱含的目的，闡釋是種有意的行為；因此闡釋的工作理該具有或明或暗的目的。可是，當今我

────────────

　❶　有關「假設主張」的定義及其知識論上的地位等問題，參見作者之《人性·記號與文明》，東大圖書公司，台北，1992年，頁127–129。

們闡釋中國傳統哲學（或闡釋中國哲學傳統）， 其目的何在，用意如何？

作者曾經將哲學理論的功能（作用）區別為兩大類：理論上的「唯美」功能和應用上的「實效」功能❷。在此，我們也假定（假設地主張）從事傳統中國哲學的闡釋工作，其目的也不外於這兩個層次的追求。當然，唯美和實效之間並非互相排斥。我們往往是在兩者兼求之下，努力做出合理的平衡。

然而，我們卻應該試做這類的檢討：假定我們只是努力從事「創造性的闡釋」， 把孔孟說得不像孔孟，將儒家講得不似儒家；那麼，這樣的闡釋所可望達致的是哪類的唯美功能？其所可以獲取的又是怎樣的實效作用？

當然，我們可以爭論：不「像」孔孟的，是不是一定不「是」孔孟？同樣的，不似儒家的，是不是一定不可以發展成為儒家？我們甚至要進一步發問：到底甚麼是真正的孔孟？到底有沒有真正的儒家？

假定這類的問題不只是定義問題，那麼這類的問題也不全是單純的哲學立場問題（比如，它不只是「本質主義」或「非本質主義」的區別問題）。 這類問題之所以產生，至少表示我們不能只是將傳統哲學家或傳統哲學當作是可以由其所在的哲學傳統甚至文化傳統中，抽離分開，獨立標定。然而，整個哲學傳統或者文化傳統有沒有甚麼或顯或隱，或明或暗的「意義導向」或「價值導向」呢？不管是唯美的，還是其他實效的。

---

❷ 參見作者之〈從哲學與其他領域的相關性看中國哲學的發展方向問題——論中國哲學工作者的未來使命〉，刊於《新亞學術集刊》，第三期，香港中文大學新亞書院，1982年，頁179–195。另收於作者之《哲學的智慧與歷史的聰明》，東大圖書公司，台北，1983年，頁113–145。

第四，談論哲學傳統或文化傳統可以採取不同的進向和進路。在此，我們提議採取廣義「記號學」的方法和方向。我們假定（假設地主張）一切哲學傳統事物（事實上，一切文化傳統事物）全都是記號事物，全都是廣義的「語言」的事物。

這裡所謂的（廣義的）語言事物，包括一切可以給人賦與「意義」的東西（價值的賦與也是其中一種意義的賦與）。 自然事物、社會事物，甚至個人的身心事物（比如一個人的種種行動、行為與情思）全都可以被賦與意義，而變成人類（廣義）語言的一部份。當然，這個世界（顯然還有其他的世界）和這個宇宙（不知是否還有另外的宇宙）之中，仍然還有許多事物未經賦與意義；不但如此，在一切的萬有萬「無」之中，曾經給人賦與過意義的，也有可能在人類的意義世界或記號領域之中，沈淪消蝕，匿跡滅亡。人類的記號，我們所發明開拓出來的意義，總是在生生滅滅，此消彼長的過程當中。文化傳統或哲學傳統中的「語言」——其記號體系和意義領域，也正是如此。所以，我們要在這個討論裡特別著意探討哲學的語言，尤其是這類語言的後設語言。

可是我們自己正在使用甚麼語言呢？這個語言又有甚麼重要的特徵呢？

首先我們知道一個對象語言和其後設語言之間，不一定需要大不相同的語法結構。因為兩者的區別主要是語用層次的界分。可是，令人需要引介如此區分的主要理由，在於兩層語言各自具有不同的討論指涉對象和預期的目標和目的。相對於目前的探討來說，研究中國傳統哲學（比如儒家哲學）這一對象「語言」的研究用後設語言到底是種甚麼樣的語言呢？（當然兩者可能都是「中文」——但卻未必是相同類似的中文）❸。前者想要開拓的是甚麼？而後者想要成就的又是

甚麼？當然後者的成敗興衰如何，無法完全獨立於前者的開拓意義和目的。而今，我們要探討研究中國哲學的語言，我們正在使用一種後設語言的後設語言。我們是否勝任愉快，是否圓滿有成，顯然也要正視上述後設語言的創用目的（當然可以批判其創用目的）；間接地照應到對象語言的開創拓展的目的（比如，中國傳統哲學之興起有何意義和目的等），當然我們也一樣可以批判其意義與目的（下一層樓，到後設語言中立言）。

經此發問，我們好像吹皺了一池哲學的春水。不過在此世紀之交，我們若關心中國哲學的未來發展，則儘管吹皺一池春水，但卻絕非可以「干卿底事」等閒視之。愈有明晰清澈的「背景」知識和「全景」自覺，我們愈能將問題和解答擺設佈置得更加有用，更加緊密和更加相干。我們立論，不是為了「舞文」；我們證說，也不志在「弄墨」。我們總是另外有所關心，另外有份心懷。

在我們這個後設語言的後設語言裡，作者採取下列的假設主張：

第五，由於所有的談說立論和舉止行誼以及其他一切廣義的語言內涵全都具有時代的和文化的背景，因此，際此世紀交替之時，我們必須自覺地挖掘這些主導的和其他可能左右我們言行舉止以及經驗判斷的思潮與思緒。在論比價值理想和標定人性理想方面，作者假定（假設主張）多元主義而遺棄絕對主義（以及絕對主義式的其他「非多元主義」——比如絕對的二元主義或三元主義等）。為此，作者更進一

---

❸ 此處的「中文」也必須以廣義記號學的觀點視之。依此，我們不但可以說某人（比如林黛玉）的微笑是種中國人的微笑（以別於日本人或西方人的微笑），我們更可以（而且更應該）說那樣的微笑是種「中文」的微笑。那是「中」國「文」化裡頭的微笑。所以，粗略地說，人類的記號（意義）領域就是其文化領域，廣義記號學的「中文」就是中國文化。

步（或該說更「退」一步）假定下述的人性論。

第六，作者主張（假設主張）一種「人性演化論」， 並且要多方索尋立論，斷說那促進人性過往的演化的，以及導航人性將來的演化的，就是廣義的人類語言。我們可以將此一假設稱為「語言人性論」或「記號人性論」❹。如果我們要將廣義的語言（記號）和「文化」等量齊觀，那麼也可以名之為「文化人性論」❺。這樣的人性演化論回追遙指著一個未盡可知的起點，正好像科學的宇宙觀裡的宇宙如何誕生問題一樣。我們所知多少？能知幾何？這時我們又走向另一類的假設主張。

第七，在知性上，以及建基人類知性而成就的事事物物中，有一種項目顯得有用但卻煩人，有時其大無比難以捉摸，有時其小「無內」無法道說，常常雖非呼之即來但卻總是揮之不去。這就是一般所說的「思想」、「想法」、「觀念」、「概念」、「理念」、「說法」、「學說」、「見解」、「主義」、「理論」。在此，作者採取一種假設主張：沒有一個概念是個完整的概念，所有的概念都是開口或「自由」的概念（數學意

---

❹ 參見上引《人性・記號與文明》。

❺ 不過「文化人性論」一詞語出歧義。在此，指的不是「文化人性」和「自然人性」的對立排比，而是指人性乃文化的函數。

如果我們一定要區別自然人性和文化人性，而將兩者排比對立（這在修養學、功夫論和道德價值觀上的作用遠多於其在檢討研究人類理性和人類感性（包括感情）上的功能）， 那麼我們也得分別考量我們到底採取何種「生態決定論」以及哪一類型的「心物交互作用論」。（這裡所指的生態當然包括「記號生態」或「意義生態」； 而對於人類來說，心身問題或心物問題，包括「人身等同」問題，不可直視為靜態事物的指認問題，而宜當成動態的和發展的類同比擬問題。）

義）； 一切的理論都是局部理論，沒有一個理論是個全面（全天候、全地勢、全人事）的理論❻。每一個可以把捉的概念都在「語言」內的其他概念的襯托扶持之下才定型明顯起來❼；每一句「道說」出來的「話語」——正如開頭所說——其後都有不知凡幾，甚或不計其數的未曾「說」出的「語句」做為支撐的後盾，才顯現出它比較明確清晰的意義❽。所以，我們這裡所使用的後設語言的後設語言並不假定有（甚至進一步假定沒有）一種知性上的絕對的和穩固的「阿基米德定點」❾。我們假定（假設主張）一種「非笛卡兒式」的知性觀和知識論。

可是我們在某些情況之下，又不得不「陳說」， 不得不「立言」（有時甚至連「無」言也是一種「有」語）， 這時我們只好動用某種自己所熟悉，自己認為方便有用，自己判斷簡單可行的「語言」。 所以， 使用表面上看起來像是「事物語言」(thing language)並不自動表示我們不贊成「感覺基料語言」(sense-data language)的知識觀；使用一種貌似絕對論的語言，並不因此表示我們不是個價值上或方法上的

---

❻　參見作者之〈方法論與教育〉， 收於劉述先、杜祖貽所編之《哲學、文化與教育》，香港中文大學，1988年，頁265–295。又收於作者之《文化·哲學與方法》，東大圖書公司，台北，1988年，頁51–82。

❼　即使所謂的「實指界說」(ostensive definition)，也不能離開廣義的語言。「指」本身就是一種「記號行為」， 是種「語言行為」， 是種「文化行為」。

❽　這裡的「說」、「道說」、「話語」和「語句」都是在廣義的語言下取義指稱，都是比喻或類比的用法。「比喻」和「類比」也無固定界限，兩者皆是「比」，但卻又是（或不必是）形式相同的比。

❾　參見笛卡兒《沈思錄》。

「多元主義者」。 同理，堅決反對「本質主義」的人，難道因此就有一套完好的「非本質主義」的語言，供他自由發揮，有效使用？人生、歷史、文化之中，無可奈何之事不知有多少，必須使用（狹義的）語言來（廣義地）道說，已經是大大的無奈，我們還「忍心」（一種「語言」行為）強求他發明製作一套絲網分明的語言，結繭自縛，進退失據？

1.大語言和小語言：公眾語言和個人語言

每當我們使用語言的概念（不管是廣義或狹義的）去說明闡述事情事物的時候，我們必須盡可能地避免落入一種假定，以為不同的討論者可以很容易地共用一套相同的語言，因為語言中的概念可以進行「化約」，而語言中的述句可以用來「翻譯」。可是，試問儒家「仁者人也」的「仁」可以化約成道家的甚麼？曹雪芹的林黛玉的淺笑能翻譯成莎士比亞的甚麼？更進一步，我們也應該避免輕易地落入另一種假設主張，以為所有的人類語言都共同具有一種「深層結構」 ❿。這樣的假設行諸狹義的語言，已經困難重重；若要推之於廣義的人類記號行為，更不知要由何說起。基本上，我們若不採取發展的觀點，傳統哲學的研究就失卻真義；我們若拒絕演化的進路，人性、理性、感性的標示就流於無底空泛。畢竟人類的殊多文化全是「無中生有」，人類的樣樣文明經常「弄假成真」。 如果我們在廣義的語言構思裡排斥那些由無到有的現象和真實，拒絕接受那些從假變真的歷程和結果；那麼我們所談論，所研究，所闡釋的「語言」也只不過是一些也許依

❿ 除非我們要發明一種「空結構」或「空心結構」，類似由無生有；類似「生一、生二、生萬物」的構思。

照「規則」（維根斯坦的意義）但卻變成「不生不死」的「兒戲」而已⑪。

所以我們要在這裡採取一種多元語言觀：在任何一個文化傳統之中，不管表面的分合交替如何，事實上骨子裡全都是不同的（廣義）

---

⑪ 維根斯坦之後，許許多多的人高談「規則」或「跟從規則」。可是我們有沒有進一步探究那所謂語言的（遊戲）規則到底是些構成的規則，運用（活學活用）的規則，演變的規則，或是創造發明、無中生有、弄假成真的「規則」（如果這時還算有「規」有「則」的話）。同樣地，現在也有不計其數的人動不動喜愛套用維根斯坦的"Spiel"或"game"，而把語言說成是種「遊戲」。 不知在這些人的心目中，語言當成遊戲是怎麼樣的一種「遊」法（或「游法」）? 在中國語文裡（或中國文化那廣義的語言中），「戲」並不就是「遊戲」。戲之為戲固然有它的優遊面，有它的詼諧面，有它的諷刺面，但卻另有它的嚴肅面。「乾坤一場戲，生命一悲劇」裡的戲和劇，絕非把「玩」規則，「遊」戲人間所可差強比擬! 人一從事「遊戲」，多麼容易變做「遊玩」（玩耍、耍弄），甚至不小心、不自覺地淪為「兒戲」。人類的（廣義）語言豈可兒戲一番?! 那時人類的理性呢? 感情呢? 人類的（不是其他生靈，不是其他動物的）人性呢?

當然二十世紀的末葉已經明顯浮現出一種「遊戲文化」， 大家暢談而善用「遊戲規則」。 工商有工商的遊戲規則，政治有政治的遊戲規則；現在好像教育也有教育的遊戲規則。不知將來家庭的遊戲規則怎樣? 朋友之間、情人之間、夫婦之間、父母兒女之間、一般男性女性之間……又不知發展出甚麼樣的遊戲規則? 而且，戲而遊之又不同於遊而戲之。這樣下去，倘若「語言」（文化）的遊戲不慎淪為兒戲，接著又因把玩不當或耍弄失控，則高唱遊戲規則對文化與文明所得多少，所失幾何? 比如：哲學的遊戲規則如何? 傳統哲學的遊戲規則如何? 傳統中國哲學的遊戲規則又如何?

語言在那兒互相作用（現在稱為「互動」）。有時彼此滲透，有時彼此支撐加強，有時彼此爭鬥角逐；當然也有時「互相」併吞（大吃小或小吃大）；當然也有時候彼此和平共存，甚至「互不存在」。為了比較容易簡潔地用來說明許多文化形成以及文化演變的現象，作者近幾年慣用兩類語言的區分：一方面依照眾多語言的語用考慮和互動模式劃分為「大語言」和「小語言」， 另一方面根據社會建制（公器）及其靈活運用（私用——由活學活用到公器私用）而區別為「公眾語言」和「個人語言」⓬。（這裡所謂的個人語言亦可名之為「個人版本」，但卻不是維根斯坦所指的「私有語言」。）

大語言和小語言之分並非廣義語言和狹義語言之別。語言不管廣義狹義都可以有大小之分。粗略地說，大語言和小語言的區分可以視作大眾語言和精緻語言的區別，或是一般語言和特種語言的區別。當然這樣的劃分正像對象語言和後設語言的劃分一樣，是相對的。在某一情境下是個小語言的，在另一狀況下可能變成大語言，因為有另外更「小」的小語言出現了。當然這裡的「大」和「小」主要是功能範圍、專業度和準確度（不一定是「精密度」）的區別（此種區別可以是乏晰的分界），並不是語彙多少或文法規則簡繁鬆嚴的區別。

另外，值得我們注意的是種種不同的小語言往往是因為對於某個或某類（大）語言有所不滿，有所不適，有所偏離或有所反抗而發展壯大起來。因此，小語言的枝葉茂盛之後，往往不可避免地對大語言

⓬　參見作者之〈概念‧經驗和語言：釐清‧闡釋和開拓之間〉，收於《分析哲學與科學哲學論文集》，《新亞集刊》第九期，香港中文大學新亞書院出版，1989年，頁38–45。另收於作者之《人性‧記號與文明》（見❶），頁37–48。

另外參見作者之〈人性‧記號與文明〉，收於❶所列文集之中。

施加壓力，造成影響，增加兩者的互作互動和互相激盪。很少有小語言只關封自閉在（大）語言（大）文化的實際運作之外，獨處於真空裡創制運行。相反地，面對分立拓展，甚至不懷好意的種種小語言，大語言經常表現出消極和積極的反作用（現在稱為「反動」）。它一方面保守抗拒小語言所帶來的衝擊和破壞，另一方面卻無可奈何地加以點狀的、片面的或局部的容納或吸收。容納的結果可能產生內部的矛盾，吸收的後遺症是內部的混雜和「自我的」失落。大小語言正好像大小文化，其相容（融）相克，互長互消的情況，在文化及文明史上不但屢見不鮮，而且無法避免——除非人類社會靜止消失，除非人類心智停頓終止。

另一方面跨切大小語言的，另外還有一種值得注意的區分，那就是「公眾語言」和「個人語言」（公眾語言的「個人版本」）。

人類文化有許多是外在世界的拓展和創造，可是人類的文明卻經常起於內心世界的發明和開拓❶。儘管人類的社群通過「語言」能夠生發「集體意識」，可是即使集體意識也建基在一個個的個人意識的語言之上。在討論某些文化建樹和文化現象時，公眾語言和個人語言之分也許無關宏旨，甚至微不足道。比如在研究科學理論或學用科技成果就是。然而，在另外許多文化和文明的情境裡，並非公眾語言就是所有個人語言的總和、「共約數」或其理想化身。有些形態的哲學或人生智慧可能正是如此。例如，在「如人飲水」的哲學智慧裡我們是否只能使用「冷暖自知」的個人語言呢？

二十世紀的一個明顯思潮就是「認知主義」。在智能上鼓吹知識至上，在語言的處理上則對所謂「非認知」用法束手無策。這樣的認

---

❶ 文化和自然對比，文明和野蠻對立。兩類區分都可以只是乏晰的 (fuzzy)，不是絕對清晰的。

知主義過份膨脹的結果，令公眾語言的旗幟鮮明高張，但卻拖累本來緊接生命內涵的個人語言的拓展和開發。我們常聽說這個時代的個人「主體性」衰亡沒落，其道理實起於此。採取平均主義的公眾語言無法單獨負起激發個人心靈發展，刺激個人精神境界開發的功能。

如果上述的觀察有理，那麼，為了承接並繼續開拓傳統中國哲學的精神，我們應該提倡開發個人語言──開發個人語言的（個人）意義空間。尤其在當今的世界文化接受了「行為主義」、「客觀主義」、「科學（實證）主義」、「表象主義」、「大眾化思潮」、「市場導引理念」等等的洗禮之後，內在世界（包括內在意義和內在價值）的復活再生變成倍加困難，需要著力另尋根基，才能成事。如果我們遺忘了個人語言的開發、精緻化和深刻化，只在公眾語言的層次上追求可望而不可及的「客觀性」、「普遍性」或「齊一性」，終久恐怕無法令傳統的中國哲學在當今的世界文化潮流裡發揚，因為我們所注重的仍然不是內在的智慧、內在的德性或內在的價值，我們所關心的仍然是外顯的功效，比方：怎樣有民主，怎樣能強大，怎樣可發達。

有時我們好像困惑於（價值上的）多元主義，對它無所適從。可是我們也不能因此對它置之不理，甚至大而化之，只將它順手拿來充當自己傳統文化在未來世界文化中與其他文化並立共存的「合理化」根據。提倡開發個人的意義空間，開拓個人語言，也許正是解開生命把持上的價值多元主義和生活實用上的「共識」和「客觀」（「交互主觀」）的調和之道。傳統的中國哲學──不論是儒、是道、是釋──正好有可能在這個進向上提供它長久以來思辯和體行出來的結果❶。

---

❶ 價值多元主義的問題並非一言兩語所可解消，因此不在本文之中討論。我們在此也沒有意涵傳統的中國哲學無需加以徹底的檢討重建，就可以適存於未來的世界文化之中。

2.從智才是知到知就是智：傳統中國哲學的語言

在多個哲學傳統中，「唯智是知」都是一個重要的基本論旨或根本假定。在這樣的論旨或假定下，所發展出來的（哲學）小語言自然傾向於開拓「反躬自省」、「（獨）善其身」、「慎獨」、「克己復禮」、「止於至善」，甚至「滅知成智」、「物我皆空」、「我外無法」的表現方式和表達內涵。就以儒家之學為例，倘若我們要繼續強調它是種成德之學，那麼我們首先就得剖析分離出儒家這種成德的小語言，而不讓它消失埋沒在複雜混亂的一些大語言中。

可是要這麼做卻又談何容易。傳統儒家的（哲學）小語言其實不只是一套單一的小語言。孔子有孔子的小語言（先不說化做三千弟子的三千個「個人版本」），孟子有孟子的小語言⋯⋯朱子有朱子的小語言，陸王有陸王各自的小語言。這些小語言在（被）提倡開展的時代，各自有它比較鮮明的「語言」任務。其中最重要的就是滲透到大語言之中，去改造重建大語言；並藉此端正人心，挽救世風等等，令一般人也學會使用帶有儒家小語言「風味」的大語言（我們不能要求人人成為哲者或聖人）。 比如，孟子希望以他那「重義」的小語言衝擊改造齊王那「重利」的大語言（或其政治小語言）。 可是這類小語言的發難出擊也很容易導致自己的傷折損挫，變形自保。這是一種小語言的拓展中的「敗壞」和在敗壞裡求「拓展」。 比如，我們就得認真思察，像荀子的心性論的小語言或者像董仲舒獨尊儒術所標榜的小語言，到底是怎樣拓展，或怎樣敗壞，或怎樣敗壞地拓展了儒家的小語言？經此拓展之後，儒學的小語言產生甚麼變化？它所要影響改造的大語言又產生甚麼變化？兩者的互作互動又出現了甚麼樣的局面？我們甚

至要發問，在歷史上的哪一階段，在文化傳統的哪種交替嬗變之中(比如因為道家小語言的風行，佛學小語言的引入和開展等等)， 儒家的小語言有沒有溶浸於大勢所趨的大語言中，漂染了其他的顏色？追溯歷史，緬懷先哲，原始儒家的小語言現在還在波光盪漾，餘暉無限(無限好)嗎？或者我們老早已經使用「雜家」的語言，只是冠以我們喜愛的名稱而已？

這樣說並非志在聳人聽聞，也不應是無的放矢。從傳統到五四到當代，我們所能「挽回」的儒家小語言到底成份多少？成色幾何？

現在我們早在「科學主義」、「知識至上」、「唯認知」(不是「唯識」) 以及被所謂「分析哲學」浸染的大語言中，我們還能開發修身成德的個人語言，突破「知」的迷霧，直上「智」的青天嗎？

如果傳統智慧還有所啟發的話，如果功夫論、禪悟等事仍然言之有物有理的話，也許發掘開發儒家(或其他傳統哲學)的個人語言才是當務之急。選用當今的大語言(比方充滿哲學偏見的分析哲學浸染下的大語言)充當「利」網(利器)做為後設語言，我們真能淘金琢玉，磨洗出儒學的小語言嗎？

也許從「知」到「智」本來就有一道高欄，甚至有個「量子躍跳」(quantum jump)的鴻溝，我們大概不宜採取還原主義(化約主義)的語言，試圖將智「還」原「化」約為知。我們如果這樣做，並沒有為當今這個新的世代挖掘到新的哲學智慧，我們最多只是藉著闡釋之名 —— 不管是不是創造性的闡釋、無中生有的詮釋 —— 高舉一面「知即是智」的哲學旗幟而已。

初稿：1994年12月30日　台北旅次

修訂稿：1996年4月18日　香港

現代・現代性與現代化
——語言、概念與意義

0.現代化與現代化的談論： 概念、語言和事情事物

一般我們都能區分語言的層次和事情事物的層次。必要時，我們還能進一步辨別語言的層次和概念的層次。在所有的思辨和談論裡，「概念—語言—事情事物」三者的關聯交錯，都會或隱或顯地影響我們的認知或感受。當概念、語言和事情事物三者之間，彼此雙雙具有一一對應關係的時候，三者之間的交錯關聯隱而不顯。那時，探討思察的注目對象和關心比重到底落在三者之間的那一項上，對整個討論影響不大。因此三者之間的區分和交錯關係也可以置之不理，暫時加以忽略。可是有時（事實上是經常）概念、語言和事情事物之間，並沒有整齊劃一的對應關係。我們在討論問題的時候，將思考「鎖定」在其中一個層次，往往也就無法兼顧另外一個（或兩個）層次。這種方法上的注意力之無法並包，顧此失彼的現象❶，在我們討論簡單或不重要的問題時，可以不加理會。但是，當我們所研究的是些複雜的問題，或當那些問題性質重要，需要小心對待時，上述層次分際的方法自覺就不可以輕易放過。因為許多問題的糾纏不清，無法定論，除

---

❶ 我們將它稱為「方法」上的，是因為這種注意焦點通常涵蘊著解析問題和決定答案的方法。比如：應用語言解析或概念解析，根據外範邏輯或內涵邏輯，所下的定義是實質界說或名謂界說等等。

了判斷的程序和方法不明之外，常常就是因為我們游走於概念、語言和事情事物的層次之間，飄忽不定，無法停住，以致論述與結語之間，貫聯障礙，失之交臂。比如，本來我們正在談論某一類東西或某一片現象（事情事物），我們使用著一些慣常或重新加以定義的語彙（語言）。可是在討論思考的過程之中，為了明辨察審，探究那些東西的性質，各東西之間的關係，或現象之來龍去脈，以及現象與現象之間的關聯，我們訴諸學說理論，收集經驗事實，形成自己的瞭解，構作一時的想法（概念）。在我們的理解和想法之間，充滿著種種的概念和心象。一般來說，這些概念經常披著語言的外衣，可是當我們在思索推理的時候，當我們在觀察現象，審視事物，產生新認知，獲得進一步結論的時候，我們可能修正了想法，豐富了知識，改變了信念。這時，我們據以表現理解內容的構成概念，是否仍然是舊有概念，沒有差池，沒有走樣？這些概念大約依舊穿著語言的外衣，可是這時的語言是不是原先的語言？即使語言沒變，（怎可能沒變？）代表概念的語詞，是否依舊一一具有原先的意義？（具有原先的外範和內涵?）我們會不會私下改動了語詞的意義？我們怎知參與我們一起討論的其他人，使用起同樣的語詞，也就具有與我們使用起來相同的意義？我們要怎樣比較？只是翻查字典辭書？（此舉通常沒有大用 —— 即使我們追隨「牛津日常語言學派」）還是比對大家懷有而使用中的殊多概念？我們要怎樣進行比對？回到事物？回到事情？回到我們的經驗？回到我們的語言？回到概念……?!

這是討論或研究一個複雜的問題時，我們經常遭遇的難關。現在我們在討論現代性和現代化，這些似乎是頗為複雜的問題。我們有沒有在有意無意之間，游移於事情事物、語言和概念三者之間？我們需不需要小心加以檢討？

讓我們從語言的層次開始考察。

1. 乏晰語言觀：語用、語意和概念‧公眾語言和個人語言 ❷

讓我們這樣發問：當我們討論問題的時候，在爭持不下，辯駁難解之間，大家是否使用著同一種語言？我們自己思索一個問題的答案時，在反覆鑽研，轉折翻騰之間，前後是不是同在一個語言（或概念體系）之內？我們要怎樣決定是否同用一個語言？什麼叫做一個語言？甚至：什麼是語言？

在無關緊要的場合，在不是複雜的討論情境，上述的問題也許只是些枯燥無味的理論問題，甚至是一些令人生厭的無聊問題。但是，對於許多討論和思辨來說，上述的問題正是些暗中假定了答案的先決問題，而且所假定的答案會直接影響論辯的重點、進行方向和成果素質。在我們需要對事情事物、語言和概念三層次之交錯關係清楚區分的時候，通常是我們重新回顧語言問題的時候。

那麼，什麼是語言呢？廣義言之，語言是一種（表意的）記號體系 ❸。當我們將記號的種別加以限制，或者對於體系的性質做出規定，

---

❷　參閱作者之〈人性‧記號與文明〉，第3節。

❸　如果「記號」已經包含是表意的，則「表意的」三字可在定義中刪除。因為我們現在關心的是人類的語言，這裡說的「表意」指的是人類的心意和情意。當我們將記號的概念擴大，兼及「自然記號」(natural sign)的時候，「表意」一詞變得有歧義。這時，我們可以指人類對自然現象中的自然關係的認定（認定是種心意活動），或指自然界裡的「意義」關聯。（這時是否需要假定一個具有心意活動的自然界的主宰，或者自

所成的就是一個一個比較狹義的語言。我們談論語言時，有幾個項目值得特別注意，並且加以重新檢討。

(一) 記號體與記號：

在我們平常的想法裡，「記號」是個乏晰的概念。就以我們最熟悉的一種記號——中文裡頭的（單）字為例來說，它到底是一種什麼樣的東西呢？它是抽象的，或是具體的事物呢？

比方，「蘇」這個字有許許多多的寫法和寫成後的形狀，包括傳統上的（大、小）篆、隸、楷、行、草以及各種雜俗書體之實際（有成例）寫法和推想上的理論還元❹。不但如此，同一字體還有許多「個人演繹」。現在，我們還有簡筆字「苏」。（可不可以寫成「苏」?）更有

然本身就是有意者，甚至有情者，那是另外的問題。）當然也可以二義兼收，令其安排在某一架構之上。比如，通過人類之認定，解釋(interpret)，而非說明(explain)，自然的心情或情意。

不過，當我們既道說人類的心意，又道說自然（或自然的主宰）的心意時，我們雖然使用同一個語詞「心意」，我們是在同一個語言之中發言立說嗎？我們指的是同一種「心」嗎？（當然我們可以反問：為什麼需要指同一種心?!）

❹ 比如，某一個字可能在今日我們所收集到的甲骨文材料中，並無實際成例，但是我們卻可以設法整理出甲骨文之構字規律和俗成習尚（包括分期之構型演變及「個人」風格），將它以甲骨文字體方式寫出（或刻出）。事實上，這種利用「理論還原」以創造（以往沒有的）成例的辦法，正是語言運作的基本規律之一。它不只可以應用於構詞造字，也可以用來創句成篇。（「偽書」的種種問題也因而出現。）

一個俗寫字「甦」❺！那麼，所謂「蘇」這個字到底是怎麼一回事呢？

　　我們採取的觀點是：記號是種抽象元目，不是具象的東西。字是記號，因此它也是抽象的，看不見，觸摸不著的東西。一般我們以為是字的，嚴格說來，只是字跡、字音、字樣、字影、字模……等等❻。我們要將這類的東西稱為「記號體」（它是記號的「身體」，不是記號的「靈魂」）。應用到字的情況時，我們可以名之為「字的記號體」（但不宜簡稱為「字體」）。從這樣的觀點看，每一個字都可以有許許多多

---

❺　「甦」普遍地被當作是「蘇」的俗體字。但是兩者卻不一定可以普遍地
　　交換取代。比如，「蘇醒」等於「甦醒」，可是「蘇東坡」是不是「甦東
　　坡」？「蘇聯」和「甦聯」呢？語言除了造字構詞的規則，除了意義和指
　　稱的規則之外，還有種類繁多的語用規則。而所有的語言規則可能全都
　　盡是乏晰規則。每一規則都為了語言的保守性而設，但到最後都容許而
　　承認創造性的例外。（創造性與破壞性之分一方面乏晰，另一方面容有
　　多元的判準。）　並且，不同種別的規則之間，有時互相破壞，有時互相
　　抵制，有時互相發明。比如，表面上看來，像上述「甦」字的例子，如
　　果在口語（言語）之中就無問題，因為「甦」和「蘇」讀音一樣之故。
　　但是，這個剛好是異字同音的例子。假如換做同字異音呢（比如破音
　　字）？　另一類問題又應運而生。而且，中文的口語和書寫語到底是兩個
　　語言，各有自己的規則？或只是一個語言的兩種表現和應用，背後具有
　　普及於兩者的規則？　（有時我們的確將口語和書寫語合成並用，假定有
　　一組共同規則。這裡所謂的「書寫語」遠較一般指稱的「書面語」廣義。
　　一般的書面語和口語之間，常常沒有準確的一一對應；而我們在此所指
　　的書寫語，只是口語的書寫轉換。）

❻　這裡列出的是些具體的東西。但是記號也可能出以抽象的裝載媒體。比
　　如人類思想活動裡的心象也可以給人拿來當做記號。夢裡的影像也是。
　　一般說的概念亦然。

的記號體。記號體一般是具象的，但也可以是抽象的。我們獨自思索時，內在的心象和概念都是記號，它們的記號體是抽象的元目。同樣的，在人與人（或人與其他「心靈」?）之間，「以心傳心」的溝通模式裡，所使用的記號的記號體也是抽象的❼。這樣說來，一個字的記號體是一個集（集合），並且經常不是個單集（只含一個分子），當然更不會是個空集（不含任何分子）❽。

比方，我們可以說「蘇」這個字的記號體集合如下：

$$「蘇」 = \{a_1, a_2, \cdots\cdots\} \quad\cdots\cdots\cdots\cdots\cdots\cdots\cdots\cdots\cdots\cdots\cdots\cdots(1)$$

其中某一a_i是「蘇」，某一a_j是「苏」，某一a_k可能是「甦」等等；甚至，某一a_m是說得不清不楚，聽來似乎是「ㄙㄨ」（或"su"）的「蘇」，某一個a_n是寫得歪歪倒倒，看來似「蘇」非「蘇」的「蘇」等等。

---

❼ 抽象的東西也稱為「體」，這樣的用法是否偏離一般俗成的規律? 若是，則我們所使用的中文就不是俗成的「標準中文」。不過什麼是標準中文，本身卻是一種乏晰的判定。

❽ 字的記號體集合不會是單集，因為記號之為記號是要給人拿來重複使用的「器物」。當一個記號體集合不僅僅是單集，而且更是「邏輯單集」（邏輯上必然是單集）時，這樣的語言就成了（其中）一種維根斯坦所攻擊詰難的「私有語言」(private language)。私有語言並非「個人語言」(personal language)或「個人化的語言」。個人語言只是公眾語言（充當公器的語言）的「個人版本」（參見〈人性‧記號與文明〉）。

另外，字的記號體集合不會是空集，那是因為沒有記號體的不會是記號。所謂記號活動是以一「物」（記號體）為媒介去示意，去傳達，去表露，去驅使等等的行為。

因為這樣，上述(1)裡的「蘇」集，在理論上和在現實上來說，都是一個乏晰集而不是一個明晰集。也就是說，下列(2)和(3)都不必然是明確地真或明確地假：

對於任何一個a_i來說，$a_i \in$「蘇」 ……………………………(2)

對於任何一個a_i來說，$a_i \notin$「蘇」 ……………………………(3)

當然這時的論域是a_i所在的語言裡所有號稱為「蘇」字的記號體。也就是說，下列的(4)可能為真：

對於某些a_j而言，$a_j \in$「蘇」並且$a_j \notin$「蘇」 ……………(4)

論域同上❾。

這是語言在使用上很基本的乏晰性——分字上的乏晰性❿。不過這種乏晰性不是單獨分離存在的。它的生成有更加底層的基礎。

---

❾　事實上，我們可以擴而大之，將此處的論域定為一切與a_i在同一語言內的可能的（潛存的）記號體，甚至定為一切萬物，因為萬物均可記號化，均可做為記號體。不過，此處我們旨在例釋語言的乏晰性，而不是有意建構乏晰語言的理論。所以我們採取一個比較保守的方法選擇。尤其，語言的乏晰性有等級區分，而且常有（語言內部自己的）地域性的不同。

❿　語言在使用上的乏晰性有別於在定義上的乏晰性。但是如果不能照顧到使用上的實際情況，只是定義得明晰精確，不一定可以達到功能致用的目的。

(二) 記號的體系性與脈絡網：

只有一個單獨的記號，本身不可能構成語言❶。語言通常是由眾

---

❶ 反過來看，記號活動一經開始，就不可能只保持唯一的一個記號。就以口語來說，即使我們只能發作一種可辨認的聲音（而又無法加上其他的輔助），因此只有一個記號體，但是一應用起來，就有兩種配列情況：該記號體出現和沒有出現——說與沒說、說與不說、說與拒絕說、說與不敢說、說與不屑於說……。說，固然是一種記號活動；沒說，也可以是（或演變成）一種記號活動。所以，我們不僅可以有「談吐的語言」，也可以有「沈默的語言」；有有為的語言，有無為的語言。我們說，萬有都可以給人加以記號化，成為記號體。事實上，「萬無」亦然。這是抽象的記號體之另一成例。

從理論上看，一個語言只要有一個「有為」的記號和一個「無為」的記號，就足以構成與現存任何語言至少一樣多的語彙（如果有兩個有為記號，當然足夠，無需無為記號。比如，中國山水畫（的記號體系）需要「留白」（一種無為記號），西洋油畫（的記號體系）無需，甚至不宜。道理同出一轍）。因為只要有兩個記號體，我們就可以據之構作出與正整數一樣多，彼此又可以有效區別辨認的無窮多的記號體。（這個數目是 $\aleph_0$，是第一級的無窮大，但它比實數那類的無窮大小得多。）比如下列這個程式就可能是該類語言中的語句之縮寫：

$$a^{2^0}\ a^{2^2}\ a^{2^1}\ a^{2^2}\ a^{2^8}\ a^{2^3}\ a^{2^4}\ a^{2^0+2^1}\ a^{2^4}\ a^{2^3}\ a^{2^1} \cdots\cdots(5)$$

其中"a^n"表示有 n 個"a"緊排並列，而任何"a_i"與"a_j"之間都有空位或空白。比如，(5)的前三個「字」明白寫出來後，變成下列的句子（沒有完全寫出）：

$$a\ aaaa\ aa\cdots\cdots \cdots\cdots(6)$$

這類的語言並不一定枯燥無味，它也可以容納音韻調和，抑揚頓挫；講究文法規律，注重修辭衛生等等。舉個微不足道但卻不是沒有啟示作用的小例子來看。我們也可以在這樣的語言裡區別大寫與小寫，規定一個語句開頭第一「字母」（但不一定全字）需要大寫。這時我們又可以分別將字的第一字母的大小寫，規定如下：

a^k屬於大寫（第一字母）若且唯

若k是奇數。（否則a^k就小寫）……………………………(7)

當然，這樣一來這個語言就變成有一對對的「等同字」，在同一對中彼此只是大寫與小寫的分別。比如，上列語言中，可能"a"等同於"aa"，但不等同於其他；同樣地"aaa"等同於"aaaa"但不等同於其他等等。我們可以將這樣的關係表達為以下的規則：

a^m等同於a^{m+1}，若m為奇數；否則

a^m等同於a^{m-1} ……………………………………(8)

如果"A"是"a"的大寫，而且在這個語言中，只有一個語句的開頭字母大寫的話，那麼前述的(5)成了下列的(9)，它事實上包含著兩個語句：

A aaaa aa…………Aaa aaaaaaaaaaaaaaaa

aaaaaaaa aa ……………………………………………(9)

一般的自然語言（日常語言）都在使用的過程中演化，不像某些人工語言（專技語言）是在構作時確定了一切語言內部的規則。因此像大寫小寫、詞性、格、數、時式、主動被動、各種樣態等等的文法或修辭的規則，全都是在語言的實際使用中逐步演化變遷的。其中人工的強力干擾比較少見（如文字改革），而且其成效總是限於局部（比如發音的統一，字形的改良）而不易擴大到語言全面（比如用法和意義的俗成性就極難強力加以改動）。

不過字彙的多少並不自動決定一個語言的表達能力。至於表達上的順暢、簡單和美感，更不是單由語彙數目所能決定。

多互有關聯的記號所組成。這種記號與記號之間的關聯並非整齊一致，而是多樣紛繁。我們只要看一看中文語句中，種類複雜，而且經常難以明確定性的語詞，就可以窺知一二。中文裡，有實詞，有虛詞；有說得出意義的詞，有只能說得出用法的詞；有實際指謂外界事情事物的詞，有只用來幫助語言內部結構的詞；有專為幫助造句的詞，有專為方便讀唸的詞；琳瑯滿目，不一而足。尤有甚者，詞品之分和詞用之別，對於語言中的所有字詞而言，既非互相排斥，也非共同窮盡。同一個詞在不同的語句中，所擔任的角色可能不同。有時某一個字詞在某一特定的語句中，到底充當何種功能，具有那一意義，也可能並不確定。不但如此，字詞的定性和用法往往取決於背後所假定的文法理論和語言規則❿。因此，記號與記號之間的關係繁瑣複雜。記號的體系性多元而又乏晰。

❿ 比如，有人認為「我很快樂。」一句中，「快樂」是動詞！就是因為他假定每一個語句都需要有一個動詞，而上述語句又是一個完整句（比如，不是「我是很快樂的。」之縮寫或一般化簡）。同樣地，現在好多辭典都把「一」字也標成動詞，舉的例子幾乎一律是〈阿房宮賦〉的「六王畢，四海一。」 在這裡，也假定一個語句需要動詞，而且「四海一」是個完整句（比如，不是詩體文的省略句式）。 但是在同樣的辭典裡，卻沒有將其他數詞，如「二」、「三」、……「百」、「千」、「萬」等等，標為動詞。（我們不是也可以說（或寫出）：「大汗起，中原二。」 或「東漢亡，天下三。」?）又如，我們都津津樂道王安石將「綠」字充當動詞使用（「春風又綠江南岸」。事實上，丘為之「春風何時至，已綠湖上山」，更早）。那麼「紅」、「黃」、「藍」、「白」、「黑」等等顏色詞，也莫不可是動詞（如：「太陽落，西方紅」）。可是一般辭典又不將這些詞標成動詞。這類的現象不一定表示辭典編纂者的心思紛亂。它更表現語言規則的乏晰性和文法理論的多元可能。

　　我們平時談論語言的時候，往往不自覺地採取兩項方法上的步驟。在語言的構成基礎上，我們總是認定字是最基本的單位。在語言的表達功能上，我們總是注目於語言中的種種表詞的意義。注目於字的層面，本身並非什麼方法上的謬誤。同樣地，以為意義是語言之為語言的決定要素，本身也不構成錯誤。不過，我們不宜將語言過份理想化，把自然語言當作是人工語言來處理。世上一切事情事物都充滿多元標準和乏晰特性，尤其在所謂「自然種屬」(natural kind) 的範圍內，更是如此❸。這是有演化過程和可嬗變的事類和物類（事情事物）的特色。自然語言也屬於此類，它是一種有演化可嬗變的東西（不只

---

❸　所謂「自然種屬」本指那些天生自然，不是人力構造建成的事情事物。比如這世界的自然律，比如自然界裡的動物、植物、礦物等的物理、生化等屬性。不過，自從人類生存於這個世界以來，他們不斷改動自然，變化生態。從遠古的農牧培苗育種，配種繁殖，一直到當今高科技的生物工程，基因改造，處處充滿人類干預自然、重建自然和改造自然的事例。（當然，改造自然也必須順應自然——在自然律的「允許」下的改造：「順著自然反自然」。）事實上，記號體系的繁衍，也是這一演化過程和創新改造的一部份。所以，自然的事情事物和人工的事情事物，其間的分界是乏晰的，而不是精確明晰的。（比如，怎樣區別「自然西瓜」與「人工西瓜」，「自然授精」與「人工授精」?）

在此，我們要說，如果一類事情事物的外範界限不是純粹由定義來確定，那麼那一類的事情事物就有可能（雖然不是必然）淪為自然種屬。所以，簡單地說，容有演化的，可加改造再生的，全都可以算是自然種屬。(自然) 語言固然屬之，就是火車、衣服、黑板、影印（古時稱「景印」）、手錶、補品等等，也全無不是。不過像數（不是數字或數碼），像人與事的專名，像明確定義下的邏輯關係、語文關係和概念關係等等，就非自然種屬。

因為我們稱其為「自然」之故）。

　　從演化的觀點看，分字問題（什麼單元算是字的問題）並沒有絕對的標準。同樣的，語言之中，什麼項目具有意義和具有那一類別或那一層次的意義（比如「部首意義」、「字義」、詞義、句義、「文」義……之分別何在，關係如何等），本身也無需只有一種理論根據。這樣說來，我們何從固定語言內的意義關係呢？答案是，我們無從準確明晰地加以完全固定，我們只能多面乏晰地局部進行。我們是在語言的使用過程中，有系統但卻不完整地固定語言的意義。而且更重要的是，固定了之後又再動搖，動搖以後又再求固定。語意（語義）隨著語用不斷在演化，不斷在尋求守成中的創造，以及創造中的守成。這是語言的俗成性(conventionality)的精義所在。

　　有了這一層瞭解之後，我們就很容易看得出一切記號的體系性（系統性）的重要意義。任何一個記號都是在它所在的體系中，由其他記號的比照襯托和關聯結構，顯現出它的個別性和獨特性。當然，這種相對的個別性和體系裡的獨特性都是一些乏晰的概念。有些記號在體系裡比較「個別」，有些比較不個別（有些自己「站不住腳」）；有些比較獨特，有些比較不那麼獨特（比如，很容易由其他記號加以取代）。值得特別注意的是，這裡所說的記號體系也不是一個明晰概念。到底那些要素加在一起構成一個記號體系呢？語彙固然不足（可是連語彙一事往往都只能乏晰地加以標定）❹，加上語言規則是否就算足夠？那一類的語言規則呢？而且幾乎所有的語言規則都是乏晰規則。

　　不管一個記號體系怎樣標定,當記號體系的大小伸縮的時候❺,

---

❹　比方，我們固然可以很明確地標定某一部中文辭典所收集的「字頭」到底是那些，但是我們就很難明確說出古人用過的漢字幾何（有些沒有記錄，有些記錄業已失傳）。我們更難說準當今流行的漢字到底是那些。

一個記號在體系當中的「關係值」（比如它的相對個別性和獨特性）也可能跟著改變。舉一個特例來說，因為一個字的意義是由體系中的其他字所界定的，當可用來界定它的語彙改變了，這個字的定義方式也就改變，定義出來的結果也可能因而改變。

所以我們追問一個字詞的意義和用法的時候，應該注意它的關係值，而不是它的「絕對值」。稱得上具有意義和用法的絕對值的字——具有絕對意義和絕對用法的字，其種別少之又少，絕無僅有。語言要達到不斷能重複地給人拿來應用的目的，一定少不了這些絕對值可演變而關係值卻能在體系裡保持相對穩定的語彙。

因此，我們不可將記號體系內的任何項目無條件地加以絕對化，否則就會減低這個體系的應用功能，最後縮短整個記號體系的生命。如果為了某種特定的目的（比如語文教育上的方便），我們可以策略性地採用絕對值。可是，這時我們只好認定記號體系裡的每一個記號，在原則上和在實際上，都容有多個絕對值，而且這些絕對值隨著記號體系的使用演化，能夠不斷增殖繁衍和生滅變化⓰。當然，這種多元多變的絕對值，從實質上說（不是從名目上看），就是我們所說的體系內的關係值（一種相對值）。不過，雖然兩者同質而異名，只是認識上見解上的區別，但是這樣的認識見解的異差卻常常誤導我們對問

⓯　我們可以採用不同的方法比較記號體系的大小。不過在比較之前，首先
　　需要決定記號體系的標定方式。

⓰　我們編纂辭典時，多採取這種策略，甚至為了固定字義，反對「因詞生
　　義」；或者為了更廣泛地固定字詞的意義，反對「因用生義」。這是策略
　　性地採取字詞的絕對值（這時是意義上的絕對值）的一個例子。但是，
　　這樣的做法，若不小心為之，而且經常加以翻新再造（比如辭典的改寫
　　重編），基本上和語言（以及所有記號體系）的俗成性對反衝突。

題的討論，尤其當我們的注意焦點游移在概念、語言和事情事物三個層次之間時，情況特別嚴重。

我們可以說，在此處我們所採取的是一種以語用為主導的記號觀（語言觀）。比如，論及意義時，它採取意義的語用說(pragmatic theory of meaning)（比如像維根斯坦似的，「但問用法，不談意義」）**⑰**。這樣的記號觀（語言觀）和乏晰記號觀（語言觀）互為表裡，甚至互相涵蘊。這也是我們要在此指出的重要論旨。

從語用的觀點看，一個記號的構成、功能和地位，當然是由它的應用脈絡(context)所決定**⑱**。記號的應用脈絡可分兩種：由記號所構成的記號（性）脈絡（語文脈絡）和不是由記號所構成的非記號（性）脈絡（非語文脈絡）**⑲**。這兩類的脈絡可大可小。一般來說，它比較容易定出下限，但卻很難標明上限。也就是說，我們對於（某一記號

---

⑰ 至於我們是否因此可以取消意義，這是哲學的存有論問題。我們除了面對「化約問題」（還原問題）之外，還要檢討傳統上所謂（狹義的）「奧康之刀」(Occam's razor) 到底屬於何種「經濟原理」(law of parsimony)。它所倡議割除的到底是記號體系中的「多餘」記號，概念網絡裡的多餘概念，或是「實體」世界中的多餘元目？

⑱ 這裡所說的是記號，不是記號體。不過記號體的指認也得在脈絡安排下為之，因為某一項目是否屬於某一記號體集合，正是決定於它是否與該集合的其他分子一樣，充當同一記號之用。

⑲ 這個區分也是個乏晰區分。因為萬有萬無皆可記號化，因此，連「脈絡」都只有記號體系的關係值，而沒有超乎體系的絕對值。也就是說，什麼是一個記號的應用脈絡也是要比對著記號體系來決定，不管是記號性脈絡或是非記號性脈絡。這問題有兩個互相牽連的層面：(1)脈絡大小的相對伸縮，(2)記號體系和記號體系間的割分問題（語言個化問題）。兩者可以互相挪動退讓，來解決前述問題。

所在的）「最小脈絡」比較容易把握，但是對於「最大脈絡」就不易
釐定，甚至難以想像。

就實際用途來說，我們無需訴諸脈絡的上限與下限，兩者都無法
用來有效地標定某一個別記號的關係值，因此兩者皆無實用的價值。
為了發揮作用起見，我們總是在必要時不厭其煩，但滿意後就適可而
止地採取一個易於把握，不難處理的大小範圍做為實用的「參照脈絡」。
參照脈絡又是一種關係項目，而不是絕對事物，因為上述的「必要」、
「滿意」、「不厭其煩」、「適可而止」、「易於」、「不難」、「實用」等等，
全是些關係概念和乏晰概念。

每一個記號在使用時都有它的脈絡，記號和記號的重複使用，交
叉使用，關聯並用，甚至平行活用的結果，使得記號的脈絡因而交疊
重複，糾纏牽掛。脈絡之中有脈絡，脈絡之外也有脈絡；小脈絡組合
而成大脈絡，大脈絡又可以分解而成小脈絡。人類的記號活動帶出數
不清的記號的脈絡網。這種脈絡網開創出人類種種的文化結晶沈澱。
每一個記號的歷時性質和共時性質都是在這樣的脈絡網裡標定出來
的。

(三) 意義與理解：

不理會哲學的存在論問題，暫時撇開化約還原的問題不談，讓我
們隨俗地論說記號的「意義」問題。為了不過份早生結論，先入為主，
我們先不要發問什麼是意義。讓我們假定大家都知道（或以為知道）
意義為何物。也就是說，讓我們將「意義」當做是在我們的談論裡，
不加界定也無需界定的語詞。（不過，本文不斷在宣說一種語用主導
的理論。）

在一般的日常語言裡，有兩類表辭的意義似乎最不成問題，我們對這兩類的意義最有簡單的共識和清楚的瞭解。它們分別是：⑴指涉用語詞的意義❷，和⑵語句的意義。從語用的觀點看，兩者在功能上具有極不相似，也不對稱的性質和結構。

只是為了例釋（而不是旨在發展意義理論），讓我們集中考慮（指涉用）語詞的意義問題。我們只考察一般所謂的「普通名詞」（通名）。

不問一個（名）詞（語詞）的意義到底是什麼，但我們卻經常有必要去闡釋一個詞的意義，或者比較兩個或多個詞的意義，甚至提議改動或修正詞的意義。我們為什麼進行這類（記號）活動？這類活動目的何在？旨在成就什麼？

有一種傳統的意義理論常常受人引用。那是一種「本質主義的」意義論❷。根據這類的理論，一個語詞的意義就是該詞所指涉的那集事情事物所分別具有，而且又共同特有的性徵❷。這樣的性徵就是所

---

❷ 這裡說的是（設計）來指涉用的語詞，不是實際上有所指涉的語詞。所以名之為「指涉用語詞」，而不稱為「指涉語詞」。事實上，指涉用語詞可分兩類：指涉用「單詞」和指涉用「通詞」。在此，我們暫指後者。

❷ 我們在此注重的是「本質主義的」或不是本質主義的，而不是計較意義為何物的不同理論。所以在哲學史上曾經有過極不相同的「本質主義的」意義論：柏拉圖式的、亞里士多德式的、亞奎那斯式的、笛卡兒式的，甚至英國經驗主義式的、康德式的、羅素式的、胡塞爾式的、邏輯經驗主義式的（比如卡那普式的）等等。

❷ 我們暫時不考慮一個語詞所指涉的事情事物集合是個空集的情況。這時，我們稱該種語詞為「空詞」。（空詞有兩類：邏輯空詞和經驗空詞。不過，這個區分可能是個乏晰區分。） 如果我們要兼及空詞，則文中語詞意義的界說需要略做改動。為何需做修訂，其理由見於文中對於意義

謂的「本質性徵」，這樣的本質性徵就是事情事物的「本質」(essence)。
採取事情事物的本質來界定指涉該集事情事物的語詞，這樣的定義方
式可以稱為「本質定義法」。採用這種定義法創出的界說，稱為「實
質界說」(real definition)。值得注意的是，一個語詞可能容有不同的
實質界說❷。

　這樣構成的意義論通常不是以語用為主導的意義觀，它通常也不
是一種乏晰的意義觀。

　不過，讓我們看看這種比較樸素簡明的意義觀，在什麼情況下變
得問題叢生，左右為難。一言以蔽之，這樣的意義觀（以及擴而大之，
以此為基礎的語言觀及記號體系觀）沒有照顧到我們知識的演化，生
態環境的改造以及記號活動的轉型變遷之間的密切關係。它多少將記
號體系靜態化和封閉化。它注重語言守成的規律性和規範性，忽略了
記號體系的創造的俗成性和演化性。它也許注目變化中的規律，但卻
沒有兼顧規律中的變化。它傾向於將語言看成一種「封閉系統」，沒
有將記號當做是一種「開架體系」。可是人類的記號不僅開創了文化

　與瞭解之關係的討論。

❷　採用本質定義法對某一語詞下界說的時候，我們未必需要選取該語詞所
　指涉的事情事物的全體本質。有時「部份」本質仍然是本質。比如，當
　我們要定義「人」這個語詞的時候，假定本質上說，人既是理性的動物
　（凡人都是，而且沒有不是人的是理性的動物），而且人又是有情的動
　物（凡人都是，而且沒有不是人的是有情的動物），那麼本質上說，人
　是理性的也是有情的動物；這時我們可以為「人」下出幾個不同的定義，
　個個都可以是實質界說。在不同的文化傳統下，不同的語言間的「等範
　語詞」（所指涉的事情事物相同的語詞）常常容有不同的定義，因此具
　有不同的意義，部份原因在此。

與文明，人類的記號體系也和他的文化文明同生共榮，一起演變。比如，如果所謂的「現代化」是一種有意性（意向性）的活動（文化運動），那麼不可避免地，它是記號體系演化的一環，因為一切的意向性活動都是記號活動。

讓我們列舉一點細小的例子❷。我們都知道，直到現在我們仍然使用「鯨」或「鯨魚」在指稱生活在海洋中的某一種動物（自然種屬）。不過，我們也知道這樣的名稱，使用起來有時必須左躲右閃，無法理直氣壯。現在，我們如果說「鯨魚是魚」，固然貽笑大方；可是反過來，若說「鯨魚不是魚」是否也有點為難？（在文法上，「鯨魚不是魚」很像「男人不是人」，當然也像「蠟人不是人」）❷我們生物知識的長進令我們進退失據，難道滅智扮愚就解決了問題？如果這個問題只是語言問題，我們為什麼不倡議進行文字改革，將「鯨魚」棄置擱淺，改用他詞？我們現在沒有這麼做，對中文的使用和發展有什麼不良影

---

❷ 對於極大的問題，在方法策略上，我們只能一方面提出「假設主張」，大處著眼，指出取材證立方向；另一方面列舉細小成例，小處著手，見微知著。

❷ 我們當然可以說，這只是中文的問題，翻譯成英文就沒問題。是的。但是，英文在「鯨」上面不出問題，它的問題卻出現在「人」上面。中文有鯨魚是不是魚的困擾，英文卻出現女人是不是人的麻煩。否則為什麼要將"charman"改為"chair-person"？難道前者的意思是「男主席」或「主席男人」嗎？事實上，比較正確地說，英文的問題不出現在「人」，而出現在「他」與「她」，出現在"he"和"she"的劃分。（我們也可以比照但卻不對等地說：中文的問題也不出現在「鯨」，而出現在「魚」——「鯨」字之內的「魚」和「鯨」字之外的「魚」。）語言就是這麼繁複，這麼「體系性」的事。

響嗎?

　　總之，從本質主義的意義論的觀點看，我們要怎樣說明「鯨」字的意義（尤其是意義變化）呢? 鯨魚（不是「鯨魚」）的本質是什麼呢? 我們要說，過去「鯨魚」自有它的（真正）意義（因為鯨魚自有其本質），只是沒有人把握了它的意義（因為那時人的生物知識有所不逮）。那麼，那時的真正意義存在那裡? 不但如此，倘若過去的人，由於知識缺乏，不能把握「鯨魚」的真義，我們又怎知道現在我們能夠? 我們怎知道我們現在信以為是「鯨魚」的意義的，的確是它的真正意義? 難道我們現在已經站立在知識的最高峰，擁有萬物萬象萬有萬無的絕對準確和完全精密而又無限完整的知識?

　　再舉一個更加微不足道但卻一樣可供深思的例子。這回舉一個表面看來不是自然種屬的東西的名稱。四、五十年前，全世界的黑板都是黑的（不但黑板，轎車也都是黑的）。那時，「(凡)黑板是黑的」真是一個顛撲不破的真理。那時「黑板」一詞的意義若含有黑色的性質做為本質的一部份，絕不為過，而且理所當然。可是，曾幾何時，黑板慢慢變成「綠板」和「深灰不黑板」。直到如今，黑板中之黑色者鞋破難覓，絕無僅有。現在，「黑板是黑的」將要成為一句必然的假話。這是怎樣一回事呢? 黑板變了? 知識變了? 技術變了? 習尚變了? 文化變了? 語言意義變了? 我們人類變了? 全部都是! 我們甚至可以說，我們現在的黑板「現代化」了❷❻。

　　所以，我們要特別指出，意義不是獨立的事。記號的意義在記號體系裡決定（明晰決定或乏晰決定）。可是我們的記號體系又與其他

---

❷❻　現在如果我們裝置四十年前那種黑色的黑板，實在是件很不「現代化」的事。即使我們裝設的是新成品，它也即刻變成「古舊」。正好像衣著一樣，新裝在身，也可以其人「老土」（不現代化）。

方面的文化和文明相涵互生，同消共長。我們（對世界）的知識以及我們對事情事物的理解，全都構成記號意義的構型、變化、再定型和再變化的互為因果的互動條件。記號意義是文化傳統裡的事，而文化傳統又是在記號意義的尋求裡結晶沈澱的結果。

化簡來說，一個語詞的意義和我們對該語詞所指涉的事情事物的理解，兩者之間具有不可分離的關係。不但如此，兩者都是體系性的關係項目，而不是獨立於任何體系之外的絕對存在；同時，兩者都不斷地在進展演化的過程中，而不是固定封閉，萬世不變。兩者進展互動，牽連演化。

從個人的觀點看，理解事情事物就是一般所謂對事情事物建立起一套（一體系的）概念❷。因此，從個人來說，意義與概念雖然有所區別，但卻難以分開。也可以說，個人知識的長進和他用字遣詞的精緻是可以等量齊觀，相提並論。

㈣ 公眾語言與個人語言：

記號體系是俗成的文化產物，它是人類申意遂願的社會公器；不僅如此，它也是我們理性和感情的生成基礎與證立根據❷。從這個角度看來，記號透過意義的開發和成長，彌漫在人生的每一個角落，鉅細靡遺，無孔不入。人類通過這種（廣義的）語言公器創造了集體意

---

❷ 事實上這樣的說法過於簡化。理解是我們的心意活動及其結果。兩者都不只依賴概念（進行和建構）。理解據之進行的心意活動包括廣義的「心象」和狹義的「概念」。兩者往往缺一不可。值得注意的是，心象可以概念化，同樣的，概念也可以心象化——有時是語言記號的圖象化。

❷ 參見〈人性・記號與文明〉，第4節。

識，也創造了集體的潛意識。在同一個文化傳統裡，眾人不只操說同一種語言，具有同樣的情意條理和知識規律；他們也編織同樣的夢（真正的夢，不只是夢想的夢或白日夢的夢）， 具有同樣的幻想和同樣的壓抑。語言幫助人類營造集體生活，使人變成社會的動物㉙。

可是從另一方面看，人類的記號體系也朝著相反的方向在塑造人性和開發文明——朝著離群、反集體、反社會、個體化（個人化）、個性化、甚至奇特化、怪異化和弔詭化以及所謂的「諷刺性」化（「自打嘴巴」化）。 人類活創活用語言，同時開拓這兩個表面上看來背道而馳，但實際上卻互補相成的功能向量。這是人類記號體系的獨特性，也是其他動物的記號活動所望塵莫及的地方。我們可以簡單地說，人類在自己的記號體系內（除了順應遷就，乘勢經營之外）， 因抗命而創新，由違規而成就。人善立法（萬般諸法）， 也善破法。這是人類記號活動的特色，也是人類文化發展的獨特性，更是人類文明多姿多彩的根源。（我們是不是也要放鬆一下我們的語用直覺，乾脆這樣說：比起其他的動物，我們人類的文明之所以多姿多彩，就是因為我們的語言有了「現代化」之故？）

正像人類的知識雖然是集體公有的，可是人類的認知卻是個人自己的心思歷程。同樣的，我們的語言是人類社會大家共同擁有的公器，可是語言的使用（記號活動）卻是個人自己說理表情的歷程，是一個人塑造和發揚他的人性的歷程。一個人怎麼「說」，他就是什麼「人」；因為他怎麼說就怎麼活，怎麼活就怎麼說㉚。

所以，從語用的層次看，語言總是在不斷的「個人化」和不斷的

㉙ 當然，語言也令螞蟻和蜜蜂等，開拓集體生活，變成社會動物。社會動物和孤獨動物之間的區分，標準多元，界限乏晰。下詳。

㉚ 此處的「說」指涉一切的記號活動。參見〈人性・記號與文明〉，第1節。

社會化的交互作用的演化歷程中。語言的俗成性有它多元的機制，但是一旦加以分析，都要追溯到人類集體中的個人的有心倡導或無意立例（建立榜樣）；成例演成慣例，習俗變做規範；遵從規範衍生新章，違背習俗開拓新義等等，循環演進，長流不息。

記號體系的個人化開創出種種意義種別和種種等級程度的「個人語言」（或稱之為「個人化的語言」）。這樣的語言，從語用的觀點看，並沒有脫離公眾的語言，它只是公眾語言的「個人版本」。不過在其他方面，比方在語音上，在語法上，甚至在語意上，它可能隱藏涵蘊著記號體系內部的創新；甚至明目張膽地進行著改弦更張的革命。(當然，語言的「個人版本」在大多數的情況下，只是無關宏旨的慣行例用而已。)

從知識增長，情感提升和其他文化創新和文明進步上看，個人語言的效能應該加以鑽研正視，因為在很重要的關鍵上，個人語言的發展傾向深刻和精緻，不像公眾語言容易流於庸俗與平凡。人類文明上的許多重要成就，包括文學的、藝術的、科學的、政治的、哲學的和宗教的，起先都始於個人語言的開拓經營，靈感創造。人類通過自己的個人語言發展（個體的）個性，他也進一步藉著個性的創造、開拓和普及推廣成就了文化裡的獨特成果和文明上的非凡成就。通過個性的發展去開拓文明成就，這正是人類文化的一大特色。

個人語言和公眾語言之間的關係雖然千絲萬縷，然而兩者之互動相生則是顯而易見。不過兩者互相施加的壓力和向量往往不同。基本上，這是普及文化導向和精緻文化導向的粗略分野。在人類的文明史上，我們看得出有些時期個人語言澎湃洶湧，那是創新的時代；有些時期公眾語言昌盛無敵，那是守成的時代。也有時候兩者你消我退，那是衰敗沒落的時代；也有時候兩者你推我擁，那是多元豐盛的時代

（二十世紀末葉就是）。 當然，這樣的劃分不但是乏晰的，而且彼此並不互相排斥。因為文化文明紛雜多元，而記號語言又廣含全包。一方面的消長並不一定對應於另一方面的進退。也因此，我們可以發問，像「現代」和「現代化」這樣的語詞，在某一個使用脈絡裡，到底屬於那一個公眾語言的語彙，或屬於那一個個人語言的語彙。它們屬於一般通俗語彙，或屬於特殊的精緻語彙。（同樣地，在下一節裡，我們也可以比照地發問：那樣的語彙，在某一用法裡，到底屬於「大語言」的語彙或「小語言」的語彙；它們是一般語彙或專門語彙？）

　　淺言之，像「現代化」這樣的字眼，即使具有它本身的意義(意義絕對值)， 我們使用起來大家有沒有共同的理解。我們對於現代化（不是「現代化」） 是否具備同樣的知識、信念和期待，正好像黑板的例子一樣。

2.大語言與小語言 ❸

　　記號的意義值雖然是體系內的關係事物，一個記號的意義是在體系內其他記號的比對陪襯之下，才能給人加以闡釋、界定、釐清和改動（訂正）。可是我們必須強調下列幾點：⑴記號性脈絡和非記號性脈絡之間沒有嚴格的界分。必要時（常常一認真討論，就引來「必要性」），我們可以將非記號性脈絡當成記號性脈絡來處理（比方把外存的條件處理成為問題的背景假設命題或基本假定命題）。 ⑵因此，所謂自然記號和人工記號之間的分別也不明晰。兩種記號皆是記號。它們雖有「自然的」區別，但是必要時，可以相提並論，不加割分。⑶因為，所有的記號體系都可以不斷地向多方面和多層次擴充發展，拓

---

❸　有關大語言和小語言的討論，詳見〈人性・記號與文明〉，第3節。

張疆界；這就是說，每一個記號體系，每一種（自然）語言都是開架體系而不是封閉體系。⑷雖然如此，為了特定的目的和需要，我們動用一個語言時，我們往往無需（也不可能）動用該語言的整個體系。我們往往依照需要，到處點狀開始，推展到適可而止的立體和平面。遇到難題困境，才檢討此種策略，以及進一步採取必要的補救步驟（事實上，這也是語言乏晰性的一大根源）。

由於人類興趣的分化，由於注意力的集中以及對事情事物的觀察入微和分析透徹，特別是由於有創發性的個人語言的激盪風行，於是在我們的記號體系之上，產生特別的記號體系；在我們的語言之外，發展專門的語言。相對於廣大無邊的記號體系來說，這樣發展出來的體系具有比較確定的運用對象和操作目的，不像原有的體系那樣無所不包，兼雜萬用。為了區別，我們要將這類功能比較明定的記號體系稱為「小語言」；而將萬用兼包的體系叫做「大語言」。

一般說來，我們的自然語言，隨時隨地加上必要的添加和擴充之後，在我們的文化傳統中扮演著大語言的角色。另一方面，在這樣的大語言之上，有種類繁多的小語言此起彼落，比美爭輝。其中有的小語言曇花一現，沒有在我們的文化傳統裡久駐；另外有的卻在文化傳統裡開花結果，蔚為奇觀。藝術的語言、科學的語言、宗教的語言、數學的語言等等，都是影響人類文化深遠，開創人類文明的小語言。

當然，大小語言之分是相對的。小語言之內可以另有小語言；正好像大語言之外可以另有大語言一樣。不過，大小語言之分並不等於公眾語言和個人語言之別。大語言和小語言全都可以有公眾「版本」和個人版本。

從文化開展和人性演化的角度觀之，種種的小語言擔當著舉足輕重的角色。可是，小語言並非自絕於大語言，獨立扮演生成人類理性

和塑造人類感情的角色。小語言和大語言雖然容易區別，但卻難以分開。小語言通常首先改造大語言，接著由大語言肩負改造人類理性，改造人類感情，演化人性的工作❷。

為了有助我們論題的分析，讓我們觀看兩類（不是兩個）小語言的功能角色，以及它們如何滲透到大語言之中，重構再造大語言，並且進一步加強和修訂大語言的成就人類理性的功能和塑造人類感情的作用。

首先，從成就人類理性的功能看，古來哲學的語言（相對而言是小語言，下同）、數學的語言（比如幾何的語言）、文學神話的語言、宗教的語言，接著是邏輯的語言、文字修辭的語言，接著科學的語言和科技的語言，加上現在電腦的語言（尤其是人工智能的語言）以及工商經濟的語言，全都曾經以不同的重要比例和參差不齊的配列情況，左右我們的記號體系和日常語言（我們的大語言）。這些小語言有的頗為成功地改造了人類日常的語言：豐富它的語彙，修訂大語言原有語彙的定義，提供語言體系內的基本命題（有的變成俗語、典故、名言、成語等等，充當一般述說論辯之假定和依據等等）。這樣經過小語言的洗禮而蛻變出來的大語言，進而孕育出人們的說理方式和論證安排。不同的時代，人們出以不同的假定，憑藉不同的機制，使用不同的「成例」去討論問題和獲取答案，其道理大部份在此。他們使用著具有不同的顯性論說機制的語言。可是，在這語言之後，或在它如此成型定案之先，卻有一些注重人類理性成長的種種小語言，在那兒衝擊激盪，呼風弄潮。

舉例來說，十七世紀以來的現代科學之發展開拓，日積月累地構作出一種頗為明顯而易於指認的「科學語言」（小語言）。這種語言有

❷　詳見上註引文之討論。

它特定的選取語彙的辦法，有它定義語彙的方式；它與其他某些小語言（如「數學語言」）親和密切，但卻遠離甚至排斥另外的小語言(如「宗教語言」) 或從大語言中排除某些成素（如超自然神靈成份)。它建立自己語言的基本命題（比如機械論和「唯物論」（物質一元論）的根本假定)， 並且定下規則（小語言內的文法規則）約定命題與命題之間的演證關係（比如實證論那建立「高層」命題的法則)。 這樣的語言在科學社群中構作流行，但卻超越科學活動的範圍，滲透到日常語言（大語言）之中，引起語彙上、文法上和語用上的廣泛而深入的改變。如果我們細心調查，可以發現在我們日常語言當中，有多少語彙源出科學語言；另外有多少其他方面的舊有語彙，被新興的科學語彙從日常語言的體系中排擠出去，不再躋身於我們平時的常用語彙的名單之內。除此之外，我們日常的多少「說法」是根源於科學語言的「邏輯」，或者直接模仿借用科學語言體系內的說法。(比如，五四時期那所謂「拿出證據來」的主張，是不是以科學語言中的給證規則，做為典型和範例? 在孔孟的時代, 這句話會怎麼說? 它會是什麼意思?)

　　經過科學語言的浸潤滲透和沖刷洗禮之後,如今我們的大語言,比起從前，已經大大地改頭換面（語彙極為不同），甚至脫胎換骨(連運作規則和內部成例都大異其趣)。 這種語言所標立出來的理性，大大有別於不滲加科學成素的語言所釐定出來的理性。人類的理性在演化, 它隨著語言的演化而演化。

　　今天，我們可以道說「科學理性」，那絕非空穴來風，牽強附會。我們的大語言受了科學語言的「無情」衝擊之後，遺留下來的就是滿目科學烙印，到處實證「傷痕」的語言。通過這種語言生成的理性，怎能不是科學理性。

　　不過，人類語言的演化不會無故中止，人性也不斷在跟著繼續演

化。現在，除了科學語言之外，還有其他強有力的小語言，正在通過我們的大語言，在搖動震撼我們的理性。我們應該留意這樣下去可能成就出來的理性。比如，「科技理性」、「工商經濟理性」和「電腦理性」等等。當然，這些理性不一定互相衝突；可是它們也不一定融和一貫。人類可以有矛盾理性！人類也可以有多元理性。

接著，讓我們看看塑造人類感情的小語言。這層次的語言功能比較明顯而易見。

自古以來詩歌、舞蹈、戲劇、音樂、繪畫、雕塑等等廣義的文藝性的記號活動，一直扮演著表達感情，震撼感情，滌蕩感情，昇華感情，導引感情和重建再構感情的種種功能。這些記號活動慢慢集中分化，精進深刻之後，形成種類繁多，有時和其他記號活動互相結合加強的記號體系。比如，現在我們不但有傳統而古典的種種「詩的語言」、「歌的語言」、「舞蹈語言」、「戲劇語言」、「音樂語言」、「繪畫語言」、「雕塑語言」……，還有「建築語言」、「攝影語言」（或廣義的「影像語言」）、「電影語言」等等。這樣的小語言彼此並不互相排斥，而且小語言中有小語言（比如今日藝術圈裡的多媒體的語言和種種配列的所謂3–D藝術的語言——我們有一天也許可以有各種4–D藝術語言，端看那另外一D是什麼而定），小語言與小語言之間也可以有另外的小語言（比如國畫山水和漢字書法結合的綜合語言）。這些小語言以各種形式滲入我們龐大的記號體系（大語言）之中，指導著我們感情的演化，塑造人類的感情面貌。

我們必須在此立即補充幾點說明：(1)事實上這些小語言不只(通過大語言)在塑造我們的感情，它們在更廣泛地塑造我們的感覺（和觸覺），引導人類一切感性（不只感情）的演化。比如，音樂的語言不僅重複我們人類聽過的聲音，將它加以重新安排；它更引導我們聽

到以前聽不到的音色和構型。音樂語言開闊並且深化了我們的聽覺。並且它進一步將聽覺這一感性成素串聯到我們塑造感情的記號活動之上，使我們不僅聽到聲音，而且「聽」到意義；不只聽到新穎的聲音結構，而且「聽」到深入的感情層次和內涵❸。同樣地，繪畫語言開導我們的視覺，深化我們這方面的感性，把我們「看」的層次提升。不但如此，這些塑情的小語言在互相比擬，交相加強之下，更能塑變感性，交換感覺（比如視覺和聽覺之間的比擬，觸覺和視覺之間的翻譯等等），豐富了人類記號體系的實質內涵，也演化了記號體系的形式結構。⑵我們說「塑造感情的語言」，這是由語用層面來說的。一個「塑情語言」，在功能上也可以同時是一個生成理性的「成理語言」。不過，我們已經說過，小語言往往有比較特定的專注對象和開展目的。這是我們文化走向專業，走向深層的分化過程的一部份。當然，在專業化之間，我們仍然可以計慮一般性；在深層考察之餘，我們也可以旁觸普遍性。在分化的過程中，我們依舊產生各種等級，各類層次的整合和統攝。所以，塑情的小語言，在適當的情境之下，特別是幾類語言結合起來，往往也參與改造人類的理性。也就是說，我們可以設想，不僅有音樂語言塑造出來的感性和感情，也可以有它改造演化出來的「音樂理性」。巴斯卡曾說："The heart has its own reason, of which the reason has no knowledge." (le cœur a sYs raisons, que la raison ne connaît point)。放諸塑情的語言，道理也是如此。⑶我們一直強調：

---

❸ 這類的「高」層次的聽，加上高層次的「看」和「觸」等等，不但將我們的初等感性提升，進入高等的認知領域，而且也將感性在較高層次上綜合（比如「聽」到的感情構型、「看」到的感情構型和「觸」到的感情構型在認知上的綜觀統合），帶給我們的認知更多面相和更多層次的感性素材。

不宜太過強調自然記號和人工記號之間的截然區分。在成理的語言裡，這個重要性表現在自然脈絡和自然記號在科學語言以及科學理性中的獨特地位。（我們只要比較一下科學語言和童話語言的分別——選擇語彙上的不同，基本語句的差異，「文法」規則的懸殊等等，就能理會了然。「神話語言」則介乎兩者之間。）論及塑情語言，自然記號和自然記號脈絡，以及兩者的「人工化」及人工處理，都變得不可或缺，無法化簡忽略。比喻而花式地說：人類的理性也許來自空靈的天上，可是人類的感情卻長在泥土的大地❹。

人類的感情是感覺的產物，是由肌膚的感覺逐步演化而成的。而人類的感覺決定於人類的生理條件和生態環境。所以追溯到長遠古老的生成因果線索來看，自然的記號和自然的記號脈絡，比起後來的人工記號及其脈絡，更是塑造人類感情和演化人類感情的溫床。（也因為這個關係，塑情的語言更需要講究形象化；並且反過來，講究形象化之後，令一個語言更加具有塑情功能。）

我們可以細心觀察各種塑情的小語言，特別是注意它們的個人版本。追察自然記號在它們語彙中所佔的地位，考察自然記號如何在記號體系裡加以人工化，研究這類語言的產品的「展出擺放」的佈置安排等等。我們會發現，不但在起源上，就是在成品的展示上，塑情的語言都必須打破人工記號的固有疆界，進入自然記號的範疇和脈絡❺。

❹ 我們不主張嚴格割分理性與感情，兩者也許容易區別，但卻難以分開。區別地說（仍然使用花式比喻），感情的空靈往往因為感情的理性化；相反地，理性的「世俗」往往起於理性的感情化。

❺ 事實上，很多藝術語言需要重新選擇自然記號加以人工處理，形成個人語言，再求推廣，進入公眾的記號領域，其道理也在此。

從這個觀念看，我們就不難明白自然記號為什麼不斷改頭換面地進入塑情語言的語彙。我們可以說（有意局部放大來說）， 有的塑情語言是「月亮的語言」，有的是「川河的語言」，有的是「雷雨的語言」，有的是「人體的語言」（特別是「女體的語言」）❸。

我們可以有理由地發問（設法引出一個假設主張）： 起源於黃河流域的中國文化，在感情基礎上，到底是那一種塑情語言，令中國人的心靈迷蒙著一片悲愴荒茫的情調？ 在潛意識裡，我們是否仍然保留著「月光的語言」和「洪水的語言」❸？

3.現代化與「現代化」

表面上看來，現代化和「現代化」的區別再明顯不過了。一邊是某些事情事物，另一邊是用來指涉這些事情事物的語詞。可是兩者的關係是什麼關係呢？ 在什麼語用或語意條件下我們可以說「現代化」這個語詞是給人合情合理地應用來指涉那些事情事物呢？ 或者，反過來問： 那些事情事物各自，或共同，具備了那些條件，我們才可以說合情合理地被叫做「現代化」？

讓我們首先試問一下現代化這一端。我們雖然指說，現代化是某些事情事物。不過，那到底是某些或是某種（某類）？（大概不至於是某一件或某一個。若是這個答案也無妨。） 它到底是事情（事件、事態），或是事物（事項、東西）？ 如果是事情，那是事情的過程，或是事情的結果？ 如果是事物，那是具體的事物或抽象的事物？ 不僅如此，

---

❸ 身體是重要的記號，因為性的事離不開身體；而人類的性的事是人類的情的事（特別是愛的事）的感覺基礎（當然不是理性根據）。

❸ 這樣的假設主張令人想起「大禹治水」的傳說和「嫦娥奔月」的神話。

那些或那種事情事物到底是些自然種屬或是些邏輯類別？它們會不會改變，會不會演化；或是一經定義也就清晰明確，死板固定？這些問題似乎沒有簡單明白清楚了然的答案。我們需要繼續尋思，不停爭辯。

回頭再看「現代化」這一端。我們雖然指說它是個語詞。但是它是一個什麼樣的語詞呢？它屬於那一種語言的語彙？它是那一個語言的語彙？它是我們大語言裡的語彙，或是小語言的語彙？如果是大語言裡的語彙，那是我們自己文化傳統裡的大語言的語彙，或是他種文化傳統中的大語言的語彙之翻譯？如果是前者，它原來怎樣定義？現在我們是否仍然維持該定義，或者要重新定義？如果是後者，我們怎樣移植原來語言中的定義？不管怎樣，我們所採用的定義是不是實質界說？或者我們採取語用主導的乏晰意義論，給與一個適如其份但卻可以追隨用法不斷演化的「脈絡界說」？反過來看，假定「現代化」不是出於大語言，而是源於小語言，那麼它是那一種小語言裡的語彙？它是那一個小語言裡的語彙？成理的小語言？中國的？外國的？其他？塑情的小語言？那一個？我們一樣可以繼續追問，不斷明辨。

在中文裡，「x化」是個頗為奇特，又非常怪異的名詞。它的意義的約定性可能高過俗成性。也就是說，它可能是小語言裡的語彙；它的用法的紛雜性可能多於一貫性。這表示，它可能來自不同的語言，是多個語詞的化身。

我們看看中文裡頭的「化」字。合乎上述的用法的，一般解釋為「改變」或「變易」。因此「x化」可以解釋為「（改）變成x」。可是只是這樣的孤立的語意闡說並沒有照顧到實際用法的脈絡。我們沒有將「x化」和「（改）變成x」和它所在的記號脈絡（和可記號化的脈絡）參照對比，浮現出兩者在體系內的關係值。比方，讓我們首先這麼發問：下列的(10)和(11)是否同出於一種語言（或一個語言）？

y（很）x化 ···(10)

y（改）變成（很）x ···································(11)

會不會(10)出自某一語言（比如社會政治語言或思想史語言）而(11)卻來自一般的日常語言。當然，同為中文，(10)可能已經被吸收到(11)所在的記號體系裡（或至少被翻譯收納）。不過，問題是原來在(10)裡，「x化」可能係專門語彙，可是在(11)裡，「（改）變成x」卻是一般日常語彙（或正相反）。 如果是這樣的話，(10)和(11)就不是絕對同義，(11)可能只是(10)的俗用俗解（匹夫匹婦對秀才專才的理解）。 所以(11)不是對(10)在同一語言體系內的翻譯。我們也許可以單向翻譯，因為一方的語彙已被收納到另一方，（收納並不表示兼融，更不代表一貫，我們經常可以在大語言中生吞活剝小語言的專門語彙，硬繃繃地說話──「硬繃繃」說話，往往是硬著頭皮講話!）但是無法順利無礙地來回雙向翻譯。

比如，讓我們順手將(10)和(11)加以「實質化」， 把其中的變數填上實質內容（為變數賦值）：

美國（很）現代化 ······································(12)

美國（改）變成（很）現代 ···················(13)

(12)和(13)是不是很準確的彼此對譯呢? 假定有一位中文「語感」很好，但卻為人脾氣很壞的人（大概是老先生）， 聽了(12)，發難說：什麼化不化，簡直不通不化! （這位老先生大約是廣東人，因為「不化」一詞正在進入，但卻尚未完全進入現代國語的語彙中。） 對此，我們要怎麼反應才好? （回答可能無濟於事，因為大家可能操說不同的小語言，至少不同的個人版本）

讓我們繼續略作分析。上述的(12)和下列的(14)有什麼分別？

　　　美國是個很現代的國家 ……………………………(14)

或者這句話和下列的(15)怎樣區分？

　　　美國是個很現代化的國家 ……………………………(15)

或者下列兩句的差別何在？

　　　美國是個現代國家 …………………………………(16)
　　　美國是個現代化國家 ………………………………(17)

注意上述的(12)和(13)若沒有「很」字，則分別變成下列結構奇特的語句：

　　　美國（是）現代化（的） …………………………(18)
　　　美國（改）變成現代（的） ………………………(19)

如果結構奇特但卻可釋可解，有可能是因為我們自覺或不自覺地將它們由某一語言移植搬弄到另一語言之中。

　　只是找一個小例子輕輕代入上面的(10)和(11)就招惹這麼多麻煩，看來的確是「化」字在作怪。那麼讓我們再回頭，比較仔細一點看一看(10)。讓我們這樣重新開始發問：為著要令(10)成立（為真，說來有理等等），我們是不是要假定下列的(20)成立？

$$y 曾經（或者現在仍然）不（太）x \quad\cdots\cdots\cdots (20)$$

它要不要進一步假定（或期望）下列語句成立？

$$y 可以（有可能）變成（很）x \quad\cdots\cdots\cdots (21)$$

我們一般使用的大語言對這些問題沒有明確的答案。事實上，在一般的日常語言裡，甚至連上面所說的「假定」到底為何物也不甚了了，欠缺明顯可以遵循的語用「規則」（我們通常是在小語言裡，比如在邏輯語言中，將這類的語用規則加以建制化）。比如，假若下列的(22)成立，那麼我們要怎樣評說(10)？

$$y 生來是 x \quad\cdots\cdots\cdots\cdots\cdots (22)$$

(22)和(20)是不是有衝突（先不要說是否「矛盾」❸）。如果有的話，那麼，雖然下列的(23)成立，因為它可以由(22)推論出來：

$$y 是 x \quad\cdots\cdots\cdots\cdots\cdots\cdots (23)$$

但是上面的(10)卻不成立，如果它假定著(20)的話。

舉個淺顯的例子。假定有個國家一建立就是現代國家，它完全依照現代國家的藍圖建成的，那麼我們是否無法「自圓其說」地在那個

---

❸ 現在「矛盾」是邏輯語言（小語言）裡的語彙，它的意義和用法和中文裡的「以子之矛攻子之盾」所啟示的，有重大區別。後者所顯示的關係在邏輯語言裡，稱為「正值對反」（舊名「大反對」）。

國家推行現代化運動？否則，我們豈不是在捉捕烏有，玩弄子虛，談論亡是。

　　當然我們可以不以為然。第一，y 生來是 x，所以它是 x，(22)涵蘊著(23)。但是，y 也可以跟著「淪落」變成不是 x（或不太是 x），　因此，(22)和下列的(24)並不衝突：

　　　　現在 y 不（太）是 x ……………………………………(24)

如果是這樣，上文所發問的問題，有的仍然可以略加改動，繼續追究。比如，(10)是否假定(24)。當然(24)與(20)不衝突，兩者加起來（大語言的用語；使用邏輯語言就說成兩者的「合取」，或兩者的「合取句」）也許為(10)提出更強烈的語用假定。其他問題類推不贅。

　　第二，y 可以某方面是 x，但另外某方面不是 x；或者由某一標準來衡量是 x，但用另外的標準看來就不是 x 等等。的確，有的國家這方面（很）現代，另一方面就不（很）現代；有的國家從先進國家（慣用）的標準看來不（很）現代，但從「後進國家（現代用語和「現代化」用語，約等於非現代用語的「落後國家」）　的標準來看就不算不（很）現代。如果是這樣，我們只要將上文的(10)和(11)，加上條件限制，改寫如下：

　　　　在 z 方面，y（很）x 化 …………………………………(10′)
　　　　在 z 方面，y（改）變成（很）x ……………………………(11′)

或者改寫成：

根據標準A，y（很）x化 ……………………………(10″)

根據標準A，y（改）變成（很）x ……………(11″)

以上我們所發問的問題仍然依樣可以繼續發問，只是加上上述的限制條件而已。

第三，我們可以說在(10)和(11)，也一樣可以說在 (10′) 和 (11′) 以及 (10″)和(11″)裡，所謂x不一定是些明晰確定的事情或事物，它可能是混合乏晰，甚至可能變移演化的事情或事物（演化變移可以是「順」著某一方向，也可以是「逆」於某一方向）。 那麼，從(10)直到(24)（以及從(10′)到想像的(24′)以及從(10″)到想像的(24″)）全都不是成立或不成立，而是在多少程度上成立或不成立的問題。事實上，我們已將那些語句寫成多少具有這點涵義。我們所關心的事情事物可能是些乏晰集合，我們用來指涉這些事情事物的語詞可能無法出以本質主義方式的界定。所以，我們寫下的是上文的(10)、(11)和(20)與(21)等等，而不是如下的對應語句：

y x化 ……………………………………………(10°)

y（改）變成x ……………………………………(11°)

y曾經（或者現在仍然）不x ……………………(20°)

y可以（有可能）變成x …………………………(21°)

比如，現代化可能只是等級程度問題（「乏晰現代化」）。我們所說所論都在0與1（或0/100到100/100）之間，從「零現代化」直到「壹現代化」（本身是很現代化的語詞。同組語詞的更現代化版本是「φ現代化」和「1現代化」這個版本）。加上，我們考慮那一方面，那一層次，那

一範圍，那一標準的種種脈絡條件，現代化這個概念似乎只能是乏晰概念，「現代化」這個語詞大約不可能是具有明晰意義的語詞。

這是上文發展出來的記號觀（語言觀）的一個小小的「系定理」，那是乏晰語言觀不可逃避的一個小小的論結。（當然(10°)是(10)的極端形式等等。）

最後，再讓我們回顧一下「化」字，研究一下「x 化」這樣的語詞 ❸。我們可以這樣發問：是不是對於任何的方面z，對於任何的事情或事物y，對於任何的性質或屬性x，我們都可以很有意義地談說是不是(10′)成立呢？顯然不是。我們通常不會發問像下列的語句是否成立：

　　在發音方面，他的皺紋很天文化　⋯⋯⋯⋯⋯⋯⋯⋯⋯(25)

我們根本不知怎樣判定(25)的意思，更不要談它是否成立。

所以我們要注意上述x，y和z分別來自什麼論域（討論界域，數學名詞是「個體域」）。尤其要注意當以上三個論域之一決定了之後，另外兩個論域怎樣決定（或者其中兩個決定了之後，第三個論域怎樣決定）。不但如此，我們還要進一步考察x、y和z三者，是否存在著某些「邏輯」關係。比如，對於任何的z而言，某一個y和某一個x不會令(10)成立。比方，不管我們談論的是那一方面，一個男人可以是（很）女性化，可是一個女人就不能稱為女性化。（一個女人當然可能（很）男性化。這令我們想起上文的(23)或(24)。）現在是女人的，談不上女性化；同樣的，現在是現代的國家，談不上現代化。（我們若將這些語句「乏晰化」，將「女性化」和「現代化」等級程度化，結論也一樣。

---

❸　其實「x 化」不是一個（中文裡的）語詞，它最多是個「語詞樣型」或「空心語詞」或「開架語詞」；邏輯上可以稱為「語詞函數」。

比如，如果一個人是0.8女人，我們也談不上她的0.8女性化。）

而且我們常常要談論同一個y的多個z的同一個x。比方，同一個國家的多方面的現代化。因為只有這樣才能令(10)成立。比如，多方面現代化的國家才是現代化國家。這時，這些（多）方面是否可以在目前或可見的將來在一個國家同存共榮，不悖不剋地發展出來？這點常常必須在經驗裡取證，無法在概念上發揮。這點不僅適用於國家社會或個人的現代化，也適用於宗教、思想學說和語言等等社會建制的現代化。比如，佛教可否現代化？儒學可否現代化？共產主義可否現代化？中國語文可否現代化？

4.現代性與「現代性」

現代的人喜歡談性，這是古老的人所避免談的東西。現代人的大語言裡，「x性」是重要的語彙；它也不是古老的大語言裡的常見字詞。從這個角度比較觀察，我們可能得到一個頗為鮮明的印象。我們當今的大語言很受某些小語言的衝擊和滲透。可是那是那些小語言呢？

就性而言，或者就「x性」這類語詞來說，笛卡兒式或本質主義式的意義論和語言觀，以及建立在此一基礎上的哲學思想及其他理論結構（包括宗教上的，藝術上的等等），顯然通過我們的大語言的成理功能，根深蒂固地創造和維護著人類二十世紀的理性。我們根據這種笛卡兒式的理性，明辨是非，判論對錯，安排生活，開拓文化。

讓我們發問：不論x是什麼，是不是凡是x皆有x性呢？表面上看來，這是一個無甚意義的問題。因為如果處理不當，它變成乏味無益的文字遊戲。

首先我們可以說像下列的(26)一定成立：

凡 x 皆有x性 ‥‥‥‥‥‥‥‥‥‥‥‥‥‥‥‥‥‥‥‥‥‥(26)

理由可能是：如果不具有x性，我們就不會稱它為x。到這裡，一切皆停留在語言定義的層次。但是，如果我們進一步發問，是不是只要我們將某一類的事情或事物稱為x，它們就必定具有x性呢？顯然不是。我們可以將x稱為「x」；我們也不難將不是x的，也稱為「x」。這種現象不一定由於我們有意指鹿為馬，我們也常常無知地視鯨作魚。所以，我們必須走出(26)的層次，比較更進一步地追察事情事物的性的事。

　　我們說人有人性。這話聽來合理又舒適。可是如果我們說黑板有黑板性呢？似乎有點莫名其妙。如果我們說現代有現代性呢？我們很可能在大語言裡無詞以對，必須尋找或發明一個小語言來處理。假定我們更進一步，勇往直前地說現代化有現代化性呢?!（我們拒絕在此認真討論這個問題，唯恐下一個問題是現代化性是否具有現代化性性!?)

　　我們提過人性的假設主張（參見《人性‧記號與文明》）。它可以歸結為人性演化論和記號人性論。我們也討論過乏晰語言觀，意義和理解（或知識）的關係（第1節），以及我們可能同時使用著某種大語言和多種小語言（第2節）。現在讓我們在這些背景之下，討論現代性和「現代性」。

　　第一，讓我們想像「現代（的）」這個語詞的用法。到底有那些事情事物可以稱為是現代的或不是現代的？我們可以說「現代人」，「現代家庭」，「現代社會」，「現代軍隊」，「現代國家」，「現代世界」；我們也可以說「現代頭腦」（「現代思想」），「現代制度」，「現代科技」，「現代政治」，「現代管理」等等。不過，我們甚少說，甚至不說「現代呼吸」（可以說「現代呼吸法」），不說「現代走路」（可以說「現代交通」），不說「現代血統」（可以說「現代父母」），不說「現代眼睛」

（可以說「現代眼鏡」或「現代眼光」），不說「現代光」（可以說「現代燈」），不說「現代雲」，「現代雨」，甚至也不說「現代月」，「現代星星」或「現代太陽」。

從這類的觀察，我們知道不論「硬體」或「軟體」都可以給人稱作是現代的或不是現代的。但是，為什麼有些事情或事物我們不名之為現代或非現代呢？表面的答案似乎決定於變或不變。比較準確地說，決定於我們是否感受認知到變與不變，以及是否把這種變與不變當回事。（被人不當回事的變，有時對那些人而言簡直等於不變。）

如果這個觀察不錯的話，那麼這樣所謂的「現代（的）x」過去可能並不是x，或並不是這麼x；並且，我們似乎沒有理由相信可以變易的 x，變到今時今日就停止不變，固定絕對。假如，可能繼續演變下去的話，今日的x（也就是「現代（的）x」）將來可能不再是x，或不再是這麼 x。如果現代人不同於以往的人，未來的人可能也不同於現代人。我們沒有理由假定萬事萬物的變化全是朝著同一方向，具有同一目的，帶著同樣結果，出以同樣速度等等這樣地以相同等值的變化參數，在改變，在演化。相反地，經驗告訴我們，萬物的變化紛繁雜錯，無法等量齊觀。古代國家到現代國家的演化，古代「科技」到現代科技的嬗變，兩者之間並沒有相同等值的變化參數。所以，我們不能因為現代人、現代國家、現代軍隊、現代藝術、現代哲學等等，全都是現代的,因此它們也就全都具有一些共有並且特有的現代本質，具有一種現代性。

讓我們姑且說，某一事情或事物演化到現代，積聚有一些指認得出的性格或品質，我們決定要將這些稱為（現代的）該種事情事物的現代性。但是，根據上面說的看來，這樣的現代性只是些「個別現代性」，是某一事類或物類自己的現代性，那並不是「普遍現代性」，不

是普及於所有事類和物類的（全盤）現代性。比如，現代軍隊的現代性常常並不就是現代政治的現代性。前者可能注重科技運用和管理領導方式，後者可能集中民主實施與人權保障。

當然，眾多的個別現代性之間彼此形成疏密相間，深淺有別的關聯系絡。這類的關係之中，有的或許是邏輯關係，有的顯然是經驗關係，有的甚至是沒有什麼關係的關係，無因有緣，巧遇際會，不是硬湊但卻瞎碰產生的關係❹。關係也可以開發演化，兩集事物原來無甚關係的，經過人工的干預或自然的演變，可能產生比較密切的關係。

所以，現代性的諸多紛雜的個樣之間，並非離散分置，互無交疊，不生反應，沒有共鳴。可是，這並不表示雜多紛繁的現代性之間，一定有一個統一而獨特的共性和特性，堪稱為一般的現代性。我們真正擁有的倒是（在大語言中的）「現代」，（在某些小語言中，以及受小語言滲透改造的大語言中的）「現代化」，加上（在更小的小語言裡的）「現代性」。可是它們之間的記號共通和交疊並不能保證三者內涵的整齊和一致。每一個記號的意義（關係值）都必須在它所在的語用脈絡中加以決定。「現代」、「現代化」和「現代性」事實上有不很一致，甚至極不相同的應用脈絡❹。它們分別出現在不同的脈絡，有時甚至

---

❹　邏輯關係和經驗關係間的分界是乏晰的，這點可由乏晰語言觀（記號論）中推展演繹出來。有關係和沒有關係當中的區別亦然，此點是人類記號化活動的注目方向和選取策略進展開拓的遺跡。

❹　這點很容易使用統計方法加以經驗的檢證。比如在一個"Rxa"的脈絡中（a為語言常數），讓x分別使用「現代」、「現代化」和「現代性」加以代入（再加上必要的文法或修辭的處理，令其成文成句），看看所得的三個結果每一次都一樣有意義，一樣同真同假等等（目前作者正在進行這類的小研究）。

分別屬於不同的大小語言（或源自不同的大小語言）。❷

　　我們在處理問題時容易犯上一種錯誤，這種錯誤有時頗為嚴重，也許應該立取專名，以某某謬誤稱之。這種謬誤和上文指出的語言、概念和事情事物的三界游離密切相關，甚或可說是它的一種特例。列舉我們現在的例子來說，「現代（的）」、「現代化」和「現代性」在我們的概念中好像有很密切的關聯，因為我們生於現代，願做現代人，期望種種事情事物的現代化（雖然有時也暗自喜愛傳統，對於有些消逝飄零的事情事物，甚至嗜好傳統「化」），談論現代性。於是表諸口舌，行諸筆墨，「現代」、「現代的」、「現代化」和「現代性」，也就抽離於具體個別事物之上，抽象於雜多事情之外，在記號體系（語言）中建立關係，成就脈絡牽聯。可是，我們必須認清現代、現代的、現代化和現代性之間一方面是事情事物之間的關係，另一方面是我們的概念（瞭解）和概念之間的關係，再一方面是語言體系中語彙和語彙之間的關係。第一層的關係不是靠談說辯論所能解決❸，因此我們一

---

❷　比如，「現代化」就比「現代」更富有異鄉情調，它更像是舶來品（衛星傳真品）的翻譯。如果我們一定要回歸祖國，想想比較傳統典型的中文用法，那麼我們的感受會極為不同。想想宋代文豪聽到「現代化」會有什麼觀感（聽聞「現代」可不一樣）。「化」字固然含有「化」生之義，它經常有，甚至更有「化」死和「化」假的意含。「現代化」如果像「坐化」，則愈化愈死；另外，它如果像「化身」（不是「法身」），則愈化愈假。我們文化的「現代化」也不是完全沒有這類現象和命運。（這點應該列入「現代化」的關懷之中，除非我們大而「化」之，大事「化」小，小事「化」無，現代「化」地不加理會。）

❸　雖然有時談論有助建立認知（「真理愈辯愈明」），認知的建立有助於草繪實現的藍圖等等。但是，這種關聯都是經驗上的實效關聯，不是純粹語

開始就提示區分現代化與現代化的談論（第0節）。至於第二層的關係的建立和變化，完全要看我們培養認知，建立經驗，以及構作知識的方法、策略和所得結果與功效而定。亞里士多德式的演繹取證方式，培根式的求知採信策略，笛卡兒式的系統建造方法，近世實證主義和經驗主義的「假設演繹」(hypothetico-deductive)網絡❹等等，全都為我們帶來也許互補相成，但卻輕重有別，焦點各異的認知安排和採信結構。人類翻翻覆覆了幾千年，畢竟仍然是萬物的權衡。我們的知識和概念網絡，鉅細靡遺地籠罩在萬事萬物之上，滲透彌漫於萬有萬無之間。我們通過一切有意無意的活動編織了許許多多層層相因，密實無漏，複雜多樣的記號網絡（大小語言）。 理性在其間塑造和演化，感性在其間塑造和演化，人性在其間塑造和演化。

　　這就是為什麼我們必須注目記號層次的關係。但是在這個關鍵上，我們也必須鍛鍊自己在方法論上的「勇氣」和在心境眼光上的「平衡」。 我們不能再步入笛卡兒式的「我思我在」的方法懷疑，落得一事無成；也要避免同一個笛卡兒式的尋求穩固的阿基米德定點來起屋建樓，構造堂皇的知識體系的幻想。（只有一個點，怎麼蓋大樓?!）我們在此提議多注目記號體系的多元結構（包括多種大小語言的網絡結構）以及乏晰區分（尤其是意義的乏晰性及脈絡的不可決定性）。

　　所以當我們再察看另外一層關係（語言關係）時，「現代」、「現

　　言或概念的關聯，更不是邏輯的必然的關聯。

❹ 在有些語言傳統裡，「假設」幾乎是假的（否則怎麼叫做「假」設!），在另外的傳統裡，「假設」不是真的（參考牛頓名言：「我不創假設」），在其他的傳統中，「假設」幾乎是真的（或者望其成真，願其為真）。同樣的「假設」，大異其趣的概念，多麼天差地別的假設。

　　這裡所指的「語言」傳統，當然包括種種的大語言和種種的小語言。

代的」、「現代化」和「現代性」之間，也就呈現出豐富而又複雜的關係。我們需要考慮這些語彙出於那一語言，那是大語言或是小語言，是否可以同處共容於同一個語言（不管是大語言小語言）。 如果這些語詞不是同一語言裡的語彙（它們大概不是）， 那麼語言和語言之間如何溝通（比如創造一個跨語言的新語言）等等。考慮這些問題的時候，我們提議採取以語用為主導的乏晰語言觀（見第1節）。

從效應上看，採取這樣的語言觀，尤其是摒棄了本質主義的意義論之後，我們就不會輕易設想「現代」、「現代的」、「現代化」和「現代性」之間的必然關係。把原來事情事物間的關係處理成為概念認知關係是一謬誤；把原來語言（上的語用）關係處理成為邏輯的必然關係更是一大謬誤。這是上文所提，未加取名的思想謬誤和方法謬誤。

5.沒有現代性的現代化

根據以上的反思，我們至少接觸到一些談論現代化所遭遇的問題❹。比如，我們到底只有一種現代性，或是可能有千千百百種現代性；我們可否設想沒有固定內容的個別現代性，我們要不要明說，並沒有（不管內容如何）的全盤現代性。

現代化是時代的問題，不是歷史的問題。我們現在談論現代化是談論當今的時代問題，不是談論從當今的觀點看過去的問題或將來的問題。當然更不是談論從過去的或未來的觀點（如果可能）看當今的問題。我們談論的是根據我們現在的知識、信念、心境、抱負、感情、風尚、願望和欲求等等，所期待，所要求，所盼望，所抱持不放等等

❹ 談論現代化所遭遇的問題當然不就是現代化所遭遇的問題，但也不必然不是。人的「說」有時指導人的「做」，有時相反。

的現代化❹。

　現在，我們的一切的一切都可以給人設想加以現代化，包括萬有與萬無，包括軟體和硬體。這一大片一大堆的二十世紀的現代化運動的浪潮中，不論多巨大或多細小的事情事物都可以給人設法加以現代化。比如，人性可以現代化，理性可以現代化，感情可以現代化；家庭可以現代化，父母可以現代化；語言文字可以現代化，思想觀念可以現代化；文房四寶可以現代化，黑板可以現代化，衣著服裝可以現代化……。為什麼要現代化？黑板為什麼要求現代化？衣著為什麼要求現代化？思想觀念為什麼要求現代化？感情理性為什麼要求現代化？

　我們可以舉出種種的原因和理由❹。國家的、政治的、經濟的、軍事的、社會的、人文道德的、藝術價值的……。這些又可以互相牽連，彼此糾纏。說到最後，不是回到原點從頭再出發，就是走上一條漫長遙遠不知如何回歸的路。這是人類文化發展的縮影，也是人性塑造演化的軌跡。但是在人類不斷演化的過程中，我們好像並不畏懼無窮後退，似乎也不排斥循環論證。因為一切的塑造和演化並沒有一個或少數固定的起點；人生有涯，文化延綿循環無邊；當新的生命，新的理性和新的感情演化出現之後，人類無需事先追回舊日固有的起點。他們大可跳躍到新的起點上，重新面對他們的循環，再次踏上他們的無窮。在舊有的記號體系和人性結構中是方法策略和價值方向的困境和難局的，經過體系和結構的演化再造之後，已經呈現出不同的面貌。所以，我們可以絕對鎖定，斬釘截鐵地說明，說清和說定說完為什麼

---

❹　當然我們也可以袖手旁觀，可以嘻笑怒罵，甚至可以破壞阻撓。但是，我們若採取如此之負面態度，似乎無需認真談論。

❹　原因和理由的區別是，原因在自然記號關係中證立，理由在人工語言中舒展。

要現代化嗎?

當然我們不會因此就輕易放棄,到後來(不是到最後)我們可能說:為什麼現代化? 為了適應順從現代人的品味!(於是我們接下去討論現代人和「現代人」,研究品味和「品味」……。)

在種種不同事情事物的現代化中,我們最常關心國家的現代化和社會的現代化。碰巧國家和社會又是兩個一方面大而空洞,另一方面卻又複雜多樣的「實體」。 我們仍然必須首先考慮其他事情事物的現代化,並且進一步研究各類各門的現代化推行起來到底互相加強或互相干擾,或平行無關。「現代人的品味」是種變化不居的東西(我們不會找得出「現代人的品味性」),因此它是種會演化的東西。我們拿它來引導現代化可以說既實在又飄忽,既有力又危險。

認識到多元的現代化和多區域多層面的現代化之後,尤其設想分析過現代人的品味之後,我們可能豁然開朗,不再執著於絕對的現代性,不再強調具有現代性的現代化。多模式的現代化,如果用古老的語言說,就是沒有固定的本質的現代化。那是沒有現代性的現代化。

6. 後語

從記號體系的談論,到人性演化論,到現代化的多元觀,每一個論旨都可以重新考察,每一個環結都可以重新研究。我們的現代化早在進行,我們的現代化的談論卻可以隨時停止,又隨時重新開始。看起來,現代化是個崎嶇不平的辛苦歷程,可是現代化的談論卻是一種充滿戲劇性和刺激性的經驗。

1992年4月1日

新世紀的道德教育
——從記號學的觀點看道德教育的形式與內容

0.記號學的觀點

記號學的主要任務在於探討人類的「記號行為」，尋求其演進軌跡、形成和變化規律、累積成效，特別是對人類理性和感性所產生的塑成造型作用。❶ 對此，作者採取了一些基本的「假設主張」，其中最重要的是「記號人性論」。作者認為今日我們所謂的人性，包括人類的理性和人類的感情，是人類長遠的「記號化」的結果。人類將周圍生態環境中的諸多事物當成「記號」，將自己和他人當成記號，將自己的行為當成記號，將所建所造的器物和建構當成記號。在宇宙之中，天上地下、古往今來的一切事物，一切萬有「萬無」，不論是具體的或是抽象的，不論是存在的或不存在的，原則上都可以被人加以記號化，當成記號。由於廣泛而深遠的記號化的結果，人類的作為當中，佈滿著記號行為。人類的心靈不只進行物理訊息和生理訊息的操作，更不時進行記號的處理和加工。❷

記號的特徵是「意義」的外加或賦與。一個給人拿來充當記號的「記號體」，經人賦與意義之後，才成為記號——才成為具有該意義的記號。我們常說一個記號體和其意義之間的關係是一種「俗成關係」

---

❶ 我們在此只談論人類記號學，不涉及動物記號學、植物記號學等。

❷ 物理或生理訊息也常常給轉化成為記號訊息加以處理。

(conventionality)。這就是說，在人類進行記號化之前，一個記號體並沒有具備經過記號化、經過意義賦與之後的意義。所以，人類的記號活動的結果在萬有萬無之外，另外開關了「記號世界」，拓展了「意義空間」。這是人類迅速擺脫一般動物生態的關鍵。人類在自然生態之外，創造並拓展了他的「文化生態」。人類也在這樣的生態中演化出他的「文化人性」。

在人類的形形色色的記號系統之中，語言（文字、言語以及充當輔助的其他軀體記號）無疑是最明顯可見，最為人所熟知，而且可能對人類文明的演進貢獻最為巨大的記號體系。可是人類的記號行為卻遠遠超乎語言的界限。比如舞蹈裡的「動作」、戲劇中的「面相」、宗教崇拜上的「擺設」或其他有形無形的「建構」、典章制度中的「信符」與「象徵」、感情表達之間的「誓語」或「信物」，甚至一般常生常見的「行為」（包括「食、色，性也」的「吃法」和「性行為」），以及人生全部的總和或其中的歷程等等，全都可以記號化，全都可以變成記號，全都可以演成「意義空間」裡的元素和項目。我們提議「從記號學的觀點看」道德教育的形式和內容，就是要從人類記號世界的建立以及意義空間的開拓上著眼，討論道德教育的問題。

1.道德的（小）語言

廣義言之，一切的記號系統都可以名之為「語言」。不過，語言可以區分為種種不同的類別。更重要的是，種種不同的語言往往在不同的層次上運作，擔負很不相同的功能，因此產生不同的內部發展和對外關係。為了正視這類的分際，作者這幾年來提出一種做法：區別大語言和小語言。

　　粗略地說，所謂「大語言」就是我們一般常用、慣用的日常語言，包括用以輔助並行的軀體記號。這種語言的特色是它的用途廣泛而多樣，因此使用起來靈活而多變。加以每一系統的大語言全都發源於某一文化的背景，並且在該文化的歷史傳統下演變，因此自然地塑造和反映著該文化的基本認知架構、感情取向和價值理想。可是，另一方面也由於大語言的靈活廣用和植根於某一特定的文化傳統，有時也引起功用上的不夠超然和不夠特定；加以文化之中經常含有小文化（有時不是子文化）和反文化的角逐和競爭、分裂與併合、融會或交錯，所以種種為了比較特定目的而發展衍生的「小語言」也就應運而生，相繼開展。比如，音樂的小語言、數學的小語言、科學的小語言等等就是明顯而為人所熟知的例子。不過，值得注意的是，大語言和小語言雖然各有特長，分顯其能，但卻不一定互相排斥，割裂斷絕。事實上，幾乎所有的小語言（包括藝術上和感情上的「個人語言」）都是在某一大語言的背景和基礎上發展出來的。不僅如此，種種小語言開拓發展之後，往往反過來試圖影響大語言，甚至改造大語言，以便精進人類的認知，加強人類的理性，深化人類的感情等等。簡單地說，種種小語言的開發和拓展往往增益了人類文明，進一步地界定了人性（包括人類理性和人類感情）。❸

　　對於人類來說，道德是（文化）人性的寫照，也是生命藝術的表徵。它是在人性的演化中開展出來的人性特質之一。它不是人類的自然生命狀態必然導致的結果，而是人類有選有擇，可取可棄的品質。

---

❸　第一，作者在此採取「人性演化論」的假設主張。事實上，記號人性論假定著人性演化論。第二，關於大語言和小語言的關係，以及小語言與人類文明的關係，參見作者的《人性‧記號與文明》，東大圖書公司，台北，1992年。

人類的道德隨著人性的演化而演化。它不是人類生命的必然結論，而是人性演化的累積成果。這樣的道德演化論顯示著人性的危機，可是另一方面也指出人類的希望。人類的命運操在人類自己的手裡。

追根究底，從記號學的觀點看，道德的起始在於人類跨越了自然生態，創造出記號世界，走入了意義空間。這種記號行為是道德的肇端，也是決定道德形式與道德內容的依據。不同的文化中的記號行為生發出不同或不盡相同的道德。

記號化有深有淺，有廣有狹；它可久可暫，可起可滅，因此形成一種雖然普遍，但卻決非齊一的現象。加以意義空間的開拓並非純粹取決於人類主觀的意願，它也常常受到「客觀情勢」的制約和誘導，甚至受到「逼迫」與「決定」。可是，人類對於客觀形勢的認知卻又不是完全獨立於記號化的活動結果，因此整個道德現象就顯得複雜多端。道德與自然、道德與知識、道德與信仰等等之間的關聯，也變得廣泛而多面。最後，甚麼才算是道德的領域也會模糊乏晰(fuzzy)；甚麼算是「道德語言」更會難以釐定。

在此為了便於討論，我們暫且採取一種比較平實無奇的策略。讓我們採用枚舉例釋的方法。

儘管「道德」這個概念也許乏晰，它和其他文化概念之間，不一定界線清楚分明；儘管「道德」這個語詞或許有歧義，它指謂著不同種別的道德（比如內存的「德性」與外顯的「德行」），不過我們可以從語用的角度，清理出一些「道德用法」的語言，而將這類的語言統稱為（種種的）「道德的語言」（小語言）。

首先，我們要指出，一個道德語句（語句是一個語言中的基本表意單位）可以出之以陳述的形式，用以表達道德判斷，例如：「誠實是美德」或「濟貧係善行」。它也可以是表願的語句，如：「願天下無

惡人」；或勵志的話語，像「日行一善」。當然，道德語句更可出於表情的形式，比如：「為善真樂」；或出於祈使律令的口吻，比方：「要修德，莫墮落」；甚至出於感嘆提問的方式，如：「問蒼天，善人何辜？」等等。

雖然從「語法」的角度看，道德語句的種類紛繁，它與其他種語句不易區分，因此無法依此劃定道德語句的特色。不過，如果我們改從「語意」上和「語用」上去思察，道德語句的特徵也就比較容易呈顯出來。從語意的觀點看，道德語句總是包含著「道德概念」。在現代漢語裡，這些概念數目甚多，比如：「合道德」、「有道德」、「無道德」、「不道德」、「善」、「惡」、「好」、「壞」、「天良」、「良心」、「美好」、「純潔」、「醜陋」、「邪惡」、「貞潔」、「誠實」、「墮落」、「靡爛」等等。這些全都可以在適當的場合裡表達道德意含。當然，在不同的脈絡中，這些概念的道德內涵可深可淺，有濃有淡；使用起來有集中的道德意指，也可以混合著其他的功能。重要的是，從語用的觀點看，這類的概念充實了我們的道德記號，構成了道德語言開拓出來的意義空間的實質內容。可是，一樣重要而且更值得注意的是，道德概念的混合功能令道德的意義空間和其他種類的意義空間產生雙向聯繫，發展互動關係。

2.意義空間的衝突、斷裂與交疊、融合

雖然在一個語言體系中，並非每一個成素全都具有獨立而完整的意義，有些項目甚至沒有甚麼明確的意義可言；❹ 可是，就一個語言

---

❹ 沒有意義的語言元素不一定沒有確切的用法，有時甚至具有重要的用法。

的整體來看，它的功能來自它所開拓出來的意義空間。大語言如此，小語言也是如此。

就內容而論，大語言的意義空間顯然比小語言的複雜而多樣。有些小語言的意義空間甚至在種種大語言裡，具有其不完整、不明確的通俗版本。事實上，許多小語言的產生往往是因為在原來的語言中（可能是大語言），意義空間的拓展受阻，因此必須另起爐灶，重新開發。道德的（小）語言亦復如此。

從其大同處著眼，人類一切的記號活動都是心靈活動的產物；一切的記號體系都是精神世界的構作。人類需要超越物相世界，超越感覺世界，進入觀念、概念、心意等理念世界，於是才有記號世界，才跨入意義空間。❺ 可是人類的記號世界一經起建，意義世界的發展就如脫韁之馬，奔放難馴。一方面，我們知性的發展不再完全受制於感官的知覺，而進一步走向臆想、假設和理論化的境地。另一方面，對我們現在的討論更加重要的是，人類在情方面和在意方面也不再拘泥於野生的反應和自然的感覺。我們進一步走向生命的自許、人性的寄望和文明的要求。人類的理性、人類的感情以及人類的道德等等，全都在這樣的記號體系及意義空間裡滋生繁衍出來的。

當然，在記號世界裡，有體系內部的發展，也有體系和體系之間的抗爭；有體系自身的割斷分裂，也有體系和體系的兼併融合。因為記號世界裡的衍生和嬗變並非大自然運作的必然結果，因此它的進退演化也沒有一定不可改變的軌跡。事非必然，但卻執著；原可放棄，但卻矜持；這是人心的自由，也是人性的價值所在。❻

---

❺ 記號活動之初起常常離不開物相和感覺，但是記號化一經開始，人類卻可以跨越此地由記號生記號。所以，萬有「萬無」皆可為記號體，生成記號，繁衍意義。

專從語言（記號體系）的觀點看，人類追求道德的動機也許複雜多端，但是追求的結果令道德的（小）語言成型發展。當然，從遠古開始，人類已經著手在不同的追求之下，從事不同種類的記號化，開拓不同的語言：感覺的語言、感情的語言、認知的語言、藝術的語言、文學的語言、宗教的語言、政治的語言等等。這些不一而足、種類紛繁的（小）語言，一方面各自有它記號化的語用功能，彼此分開發展；可是另一方面它們也可以分享合用同樣的記號體，製作各自的記號，活躍在各自的意義空間之中。比如認知的語言、感情的語言和道德的語言分別有其各自發展的語用功能和實效目的，可是它們卻都可以收納像「乾淨」、「污穢」等這類的語詞樣型（記號體），充當自己語言中的語彙，成為自己的記號，具備自己內部的（體系）意義。不僅如此，像人體(body)或人身(person)也可以在上述的各語言裡分別給人加以認知的記號化、感情的記號化和道德的記號化。即使像「食色性也」這類的事（事情和事件），也可以分別在不同的意義空間裡給人賦與認知上的意義、感情上的意義和道德上的意義，成為認知體系裡的記號、感情體系裡的記號和道德體系裡的記號。因為這緣故，因為不同的語言可以對相同的對象加以不同的記號化，於是各類（小）語言之間的種種互動關係就顯得更加牽連和更加乏晰。比方，當兩種語言互相爭鬥之時，某一概念並非在一個語言中消失，才過渡到另一個語言之內；它可能只是在前者之中淡化或移位，而在後者裡加強或變質。

當道德的語言（小語言）受重視而長足發展起來之後，往往接著滲透到日常語言（大語言）中，豐富其內容，精化其內容，甚至改造

---

❻ 基於此，作者主張「記號人性論」。作者將人類的文明成就（包括人性成就和道德成就）看成人類有情有意、有取有捨的記號化的結果。依此，像孟子所謂的「四端」是記號活動的（部分）結果，而不是它的起因。

其內容，使日常語言的記號體系所經營的意義空間受到衝擊而產生應變。比如，豐富了道德概念，確定了道德意含，釐清了道德說辭，強化了道德論辯的形式和內容。如果發展得淋漓盡致，容易更進一步令該大語言添附極多的道德語彙，彌漫著「泛道德」的內涵。令使用該語言的人難以擺脫道德的意指和道德的計慮。比如，比較起英文來，中文（和日文）就具有極豐富的道德內涵，連說一句話或寫一封信常常都有道德考慮；即使用甚麼字眼來表示「你」和「我」，經常都大費（道德）周章！英文在這方面就輕鬆得多。

除了道德的小語言之外，還有其他種種的小語言也在角逐爭奪，對大語言施加壓力，製造影響，產生效應。比如，傳統上那「為藝術而藝術」或是「文以載道」之間的爭論，表面上看來好似論理立意之爭。可是事實上卻隱藏著道德的小語言在大語言中對其他小語言（藝術的〔小〕語言或文學的〔小〕語言）的侵犯與對抗。這類的現象層出不窮，而且在不同的層面上發生。比如，小至我們禁止兒童語帶「粗話」，大至前幾年日本文部省修改歷史教科書；遠至孔子修《春秋》的一字褒貶，近至中英為香港事務的談判之外的口舌之爭，在在都牽連關係到道德的小語言的問題。

語言一方面是人類行使動用的工具，另一方面卻反過來塑造人類的理性和感性（包括感情）。語言當作工具時，正像許多工具一樣，可能被正常使用，也可能被異常使用；可能被善用，也可能被誤用。比起其他的（小）語言，道德的語言算是既鋒利又敏感的工具，若是使用不當，可能反令刀鋒挫鈍，運作失靈。尤其當道德語言和政治語言、宗教語言等結合起來，在大語言中普遍風行，強力進犯之時，很容易由於處理不慎，引起抗拒排斥或抵制反彈。比如，當我們的道德說辭陳義過高，當其（意義空間裡的）概念流於玄虛奧秘或空洞浮泛

之時，尤其當這樣的道德語言又藉其他力量強加於人之際，往往反令這樣的道德語言拓展維艱，進退失據；尤其當情況嚴重時，只會令原來已在大語言的意義空間裡所建立的和諧關係緊張衝突，甚至破碎斷裂。有時，在大語言中產生抗拒泛道德的運動，或進行反道德的清洗，就是這類現象的表現。

所以，在人類開拓經營的意義空間裡，除了穩定的開發拓展，以及常見的生滅交替之外，（小）意義空間彼此之間的交疊和融合（比如宗教的和藝術的意義空間的交疊，哲學的和道德的意義空間的融合），尤其是它們在大意義空間裡產生的彼此衝突以及從相對和諧的（大）意義空間斷裂分離的現象，更值得我們注視和研討。二十世紀道德語言以及道德意義空間的遭遇，就是極端重要的成例。

我們在本世紀見證到一種重要的現象，非常簡單地說，那就是「事實」和「價值」的對立，或者「知識」和「道德」的衝突。發展下來，許多人都在擔心事實將會扼殺價值，知識就要將道德趕入死角。

使用我們現在採取的概念架構來說，在我們的大語言裡，知識的（小）語言或認知的（小）語言正在壓迫逼趕道德的（小）語言或價值的（小）語言，令後者收縮凋敝，退守難伸。也就是說，在人類的意義空間裡，道德的意義空間或價值的意義空間，正因知識或認知意義空間的長足進展和大力逼迫，而退卻，而萎縮。我們明顯地意識到二十世紀是科學蓬勃發展的時代，或許也深切感受到也是道德沒落的時代。科學的（小）語言正在頭角崢嶸，意氣揚發。它正在支使著大語言，改造我們的理性，再造我們的感性。

3.個人（小）語言的再出發：感情的（小）語言和藝術的（小）語言

　　號稱為語言的，不論是大語言或是小語言，一般都不是一種單一整齊的個體，而是一種複雜多面的結構。不管從語用、語意、語法、語彙或表現形式以及輔助措施等等的觀點看，語言都只是一種並不絕對劃一但卻終久可以流行通用的設計。❼

　　從個人使用的角度看，語言並不是事先整套學習，然後才枝節使用。我們是在試圖活用中學習，並且在學習過程中試圖活用。因為這樣，每一個人，在每一個使用某一語言的階段，都只是動用著該語言的部分的「個人」版本，而不是使用著該語言的整體的、超個人的「標準」版本。然而，這些大小不一、深淺互異、新舊有別的殊異繁多的個人版本之間，彼此卻可以互通兼容，同使共用，必要時彼此融合兼併，去異存同，以達到傳達交流的語用目的。這種意義下的「個人語言」（以及與它相應的意義空間）在我們求知、立德、表情、修身養性等等人生的各類作為之中，全都充當我們使用語言的起點。❽我們有時也許可以不使用語言（比如，不思不察，不看不聽，不覺不夢之時）， 可是一旦使用語言，我們總是由自己的個人語言開始的。從解釋學的觀點看，使用我們現在的用語來說，對於表達在「公眾語言」中的事理，我們是不斷通過個人語言去理解的。也就是說，公眾的意

---

❼　只有極少極少數的例外。比如本世紀在「邏輯形構主義」(logisticism)鼓吹影響下所改造重建出來的邏輯（小）語言就是一種整齊劃一的語言。

❽　這裡所指的個人語言（personal 或 personalized language）並非哲學家維根斯坦所駁斥的「私有語言」(private language)。

義空間裡的事物通過個人意義空間的反映投影而不斷地成型、定型和轉型。這件事對大語言來說是如此，對種種的小語言來說也是一樣，只是程度不盡相同而已。

　　為了追求所謂的「客觀性」，為了追求所謂的「普遍性」，我們常常試圖抹煞個人語言的差異而尋求整齊劃一的公眾語言。❾這樣的做法雖然情有可原，但卻大大忽視了語言的人性功能，忽略了語言那潛移默化、塑造理性和成就感性的能力。這類功能通過個人語言才能深入進行，才能「內化」有效。

　　二十世紀是「認知主義」的時代，加上大半世紀的「行為主義」的興風作浪，現在我們喜談外顯可見的物相百態，但卻羞提內心蘊藏的生命真實。我們試將原來根植內在深淺參差的感情和道德等等人性成果，轉化成為可以外在化、可以客觀化，甚至可以標準化的「社會建構」。　於是，在人類大語言的意義空間裡，產生了重大的位移和質變。感情的（小）語言、道德的（小）語言等等，全都受到大力的「清算」和圍剿。在這方面，不僅一般人不明所以地照章辦理，就是專家學者也經常不知不覺甚或有知有覺地參與其事。所以現在我們談論起感情有時（常常？）好像不是在談論感情，而是在談論感情的物理學、感情的化學、感情的生物學，或者感情的經濟學！談論起道德時，亦復如此。

　　現在讓我們簡單討論兩種（小）語言，藉以說明上文所說的現象。我們要談論的是感情的（小）語言和藝術的（小）語言。我們做此選擇，因為這兩種語言和道德的談論具有密切的關聯。作者甚至認為道德語

---

❾　甚麼是客觀性和普遍性？有無這類東西存在？它們分別和主觀性和個殊
　　性之間是種類之別或程度之異？像這類的問題與語言「本質」問題密切
　　關聯。因為篇幅所限，無法在此討論。

言的開拓（尤其時至今日）不能離開感情的語言和藝術的語言而獨立發展，各自成事（當然，它也不能脫離理性的語言，單獨成就）。

人類在艱困苦難的時期，感情向內收聚，而深刻，而清純；可是卻在豐盛歡樂的時候，感情對外奔放，結果變得粗俗，變得淺薄。究其理由，主要因為感情是人性的成就，那是在人類意義空間裡開拓出來的心靈事物。意義空間裡的事物無法還原為意義之外的事物。換句話說，記號無法化簡為記號體或與它相類的事物而不損傷它的內涵。比如，感情的內涵無法利用軀體的情態來加以界定。這是因為意義的生成正是超離記號體而成就的，它是人類記號化的成果。可是，由於意義是不可眼見手摸的心靈事物，為了明示、加強或給證，我們反而倒過來訴諸記號體或其相類的事物。比如，情侶之間本來所關心的是愛情，可是為了明示，可能出以鮮艷的花朵或者無限情願的身體。不過，鮮花和身體都不是愛情本身，也不能用來界定愛情，衡量愛情。愛情的把握、提升和深化需要在心靈世界裡耕耘，需要在感情的語言的意義空間裡去拓展，不能只在物相層面或感覺領域裡去尋索追逐。

前面說過，各種小語言不斷在大語言中交互作用，爭長比短。這是一種動態的歷程，不只是一種靜態的結構。因此，為了人性的矜持，感情的語言必須在不同的時代，為了因應不同的情勢，而做出不同的調適、應變和開展。就以男女之情的「愛情的（小）語言」——感情的小語言當中的一個小語言為例，在男女授受不親的時代，兩情之作大部分的時間在內心世界裡醞釀，在意義空間裡演繹，因此前述的本末倒置的現象或許較不嚴重。可是當今的世界就很不同。現在，不但男女相處是常事，代表深情的記號體更因大眾化和商業化而粗淺化、表面化。於是愛情的語言的開拓發展就必須改弦更張，另闢途徑。

除了知識的（小）語言外，感情的（小）語言在當今的世界裡遇上

另外一個大敵。那就是感覺的（小）語言。從理論的層次看，當今的世紀「認知主義」、「科學主義」、「經驗主義」、「實證主義」、「行為主義」以及「現象主義」等等流行的結果，❿理所當然地出現了「感覺主義」。簡單地說，感覺主義的基本論旨是：世界的真實最後要化約為人類的感覺，知識的證立最後要訴諸人類感覺的內容。

以感覺主義為中心思想發展出來的「感覺的（小）語言」，結合「科學的（小）語言」、「知識的（小）語言」等侵犯滲透到大語言之後，再與其他政治的、社會的和商業的意識形態所塑成的小語言聯手合作，造成我們意義空間裡的一些偏頗發展，進一步表現成當今世界的潮流風尚。當今，有許許多多的人不求感情而講感覺（在他們的意義空間裡，感情完全由感覺加以界定代換），也有許多人不談情愛但求性感（在他們的感情的語彙中，性感才具有鮮明的意義）。比如，現在有些人會這麼說：「甚麼是愛？愛是一種感覺。」說這類話的人不一定是凡夫俗子、無知無識之輩，他們很可能是專家學者，是文學家、詩人、藝術家之流。我們不是也聽人理直氣壯地說「但求燦爛，不求永恆」？翻譯成感覺的（小）語言（而用大語言說出），這可能是說「但求感覺的燦爛，不求真實的永恆」；或者「但求感覺，不求真實」；或者「感覺就是真實」！

目前我們藝術的（小）語言也遭遇到類似的難題，處在相應的困境之中。

許許多多的人都相信（或曾經相信過）藝術是用來表達感情的。藝術品即使用來表現思想，也是間接迂迴地通過牽動感情為之。同樣地，也有許許多多的人（也許更多更多的人）認為（或曾經認為）藝

---

❿ 這些主義各有其哲理根據或產生因由。它們並非各自獨立，而是互相牽連。

術家的終極追求是美的追求。他們甚至將廣義的藝術等同為狹義的美術。這類的藝術信念在一般人的意義空間裡曾經建立重要的秩序，產生積極的效應。藝術的（小）語言透過自己內部的開拓耕耘（比如藝術作品的流傳和保存），為大語言提供一個異類的對比，暗示或顯露了一般（大）語言的欠缺和不足，藉此在人類所拓展創立的意義空間中，明示藝術的意義空間所意指的獨特、華美、高雅和悠遠等等的面相和意涵，令人類的意義空間多增一種成素，添加另外的導向。

可惜大語言的這類成素（以及人類意義空間裡的這類導向）現在正面臨空前的挑戰。

從學理的觀點看，也許因為認知主義的氾濫以及認知（小）語言的主導，本世紀的許多藝術家逐漸由「藝術表達感情」的方向走入「藝術陳述認知」的路線；加上政治上的參與需求、社會上的通俗化趨勢，以及商業上「消費主義」的興風作浪，令本世紀的藝術（小）語言走入認知取向、政治取向和通俗取向。可是讓我們試想，每一種（小）語言含有它的特質，因而具有它的限制。藝術的語言也是如此。如果我們不顧一切，將藝術語言用來表達認知，它能夠和認知語言一樣有效嗎？倘若在那方面無法和認知語言分庭抗禮，但卻仍要剛愎自用，一意孤行，結果藝術的語言會不會淪為第二流，甚至第三流的認知語言？或者進一步淪為認知語言的附庸，扮演起傀儡的角色？比如，繪出一支煙斗，並在圖下注明「這不是支煙斗」。這能表達甚麼深刻的認知詭局？比起表達在數學或邏輯的（小）語言裡的「羅素詭論」，「煙斗詭畫」表達出甚麼更加深刻的內容？邏輯系統的完全性要怎麼繪畫？哥德爾的算術系統的不可完全性要怎麼雕？該怎麼刻？人類的種種小語言不是應該各展所長，各盡所能，合力開闢人性的意義空間嗎？我們為甚麼要捨長取短，顛倒錯置，破壞了創造建設的契機？

　　同樣地，我們也得小心反省，藝術是良好的政治鬥爭工具嗎？把藝術用來從事社會或政治鬥爭，結果會不會將藝術的語言變成政治語言的附庸？或者把它變成二三流權術的（小）語言？

　　現在我們漸漸聽到有人（尤其是藝術家）理所當然地說：「藝術家不一定追求美，藝術作品不一定要表現美。」這樣下去，換句話說，在藝術的（小）語言裡，「美」可能不再是一個基本的語彙；在藝術的意義空間中，「美」的概念或已流失剝落，或已模糊難認，不再具有積極重要的作用了。可是，我們不禁要問：「如果在藝術的（小）語言裡不談論美，那麼在哪一個小語言裡談論美？倘若沒有小語言談論美，那麼大語言又怎麼樣？從此美不再是人類文明的重要品質？或者它不再接受『專業』的指導？（比如，我們不再談藝術之美，而改談「選美」之美、「美酒」之美、「美色」之美、「美食」之美?)」

　　值得我們留意的是，在當今的趨勢下，如果藝術的語言在開拓認知的功能上有礙，在經營藝術之美的意義空間上無著，那麼它會邁入甚麼發展上的局面呢？令人憂慮的是，像感情的語言所遭遇的困境似的，藝術的語言會否臣服於感覺的語言之下，把藝術的理想品質轉化為感覺的實效價值。果真如此，人類文明的意義空間裡又飄零凋落了甚麼樣的人性理想呢？

4.人生的記號化：個人意義空間的開拓和人生境界的 尋求

　　比起其他的動物，人類文明的最大成就是在物理世界之外，建立了廣闊無邊的精神世界。⓫其他的高等動物容或有牠們的精神世界，

　　⓫　人類文明的另一偉大成就是改造了物理世界。比如，為了理論的興趣或

但其廣度和深度絕對無法和人類的相比擬。

精神世界的建立是記號化的結果，那是在意義空間裡成就的。在人類的精神世界中，除了不斷加速膨脹的知的領域之外，就是那開拓起來有喜有悲，發展過程時平順時崎嶇，產生成效或明確或暗晦的情的領域和意的領域，也完全是記號世界中的建樹，是意義空間裡的成果。

可是從記號學的觀點看，知的領域的拓展和情意領域的拓展，其間固然有相似的運作過程，但也有互異的開發方式。對於我們現在的論題來說，有件事值得我們注意，那就是記號世界裡「個人語言」和「公眾語言」之間的比對和關聯。大語言裡有此問題，小語言中亦然。

我們都知道，在知識的（小）語言裡，建立比較整齊劃一的「公眾版本」本身就是一項重大的成就。這使大家的認知可以交流互換，達致所謂的「客觀性」。 當然從理解的確切把握的角度來看，知識的語言也是通過「個人版本」而獲致的。可是從效用方面看，公眾語言決定了客觀的認知，至少決定了「標準的」認知。

可是在情意的領域裡，情況就大為不同了。因為在情意的領域裡，我們所追求的不是事實的真相，而是理想的可能；不是彼此齊一的客觀，而是有跡可循的範例；不是不可否定的「實然」， 而是可望建立的「願然」。 於是，在情意的耕耘開墾之間，標準化並不是重要的考慮，客觀化更不是內在的要求。在情意的領域之中，我們注重優美、深刻和崇高，而不是計較齊一、普遍和一般；我們要培養的是美好的榜樣，而不是整齊的規則。用非常淺顯的話說，我們所要開發的是感情，而不是感情的知識（當然更不是有情的感覺）； 所要拓展的是意志和意願，而不是意志和意願的知識（當然更不是意氣風發時的感覺）。

實用的目的，製作了許多新事物，創造了許多新品種。

　　從這樣的角度去看，我們就很容易明白在情意領域裡，個人語言和公眾語言之間所呈現的不同的對應關係。我們雖然依舊通過公眾的語言對話和交流，可是最重要的是，我們是在個人語言之中涵情，在個人語言之中許願和立志。

　　我們時常談論人生的意義或者生命的自許等等。稍微不小心，就很容易將這類問題當成像是知識問題那樣，歸之於客觀認識的領域項目。因此可以像我們處理知識問題那樣，使用類似的主張和方法，採取類似的策略和步驟，期待類似的成效和結果。比方，我們也許認為可以在頗為齊一普遍的公眾語言體系裡，建立大家可以公認的情意的意義空間。可是這樣的假定卻忽略了一個根本的區分：我們所尋求的不是認識世界的真實，我們要努力的是開發人性的可能。

　　從這個觀點看，傳統哲學裡所揭示的事實與價值的對立，變得不是那麼死板和尖銳；同樣地，後設倫理學中所興歎的「實然」和「應然」之間的鴻溝，也不再顯得那麼渺茫而又無望，因為我們正是要「無中生有」，創造「可能的」事實；我們偏偏要「弄假成真」，開發並不自然的「願然」，使它成為堂堂正正的「應然」。所以，論及理想和現實之間的事，「衣食足而後知榮辱」固然可以是種普通（普遍?）的現象（真實?）。可是「讀聖賢書所學何事」不也同樣是千真萬確的榜樣（楷模?）！更何況，溫飽之後，不必然就自動知榮辱，如果在我們的（情意的）意義空間裡，榮辱並非一回事，或者並非那麼一回事；同樣地，讀聖賢書何嘗不可莫名所以或不知所云，倘若公眾的意義空間（或他人的意義空間）裡的事物，在自己（個人）的意義空間裡，並沒有同等的地位或類似的安排。

　　在知識的領域裡，努力在公眾的記號系統裡開拓往往就足以成事。因為少數優秀分子的努力就足以為一般人（包括無知無識的人）

帶來應用上的成效。所以我們只要將那些有創造力的知識分子的個人語言（加以集體化）充當大家合用共有的公眾語言。從這個觀點看，人類知識的成就高度，在實際運作上，可以由那些優秀的少數人的成就來加以界定或衡量（比如，我們說人類已經解開原子內部結構的奧秘，說人類早已登陸月球）。可是，在情意方面我們就完全無法有效地以少數人的深刻感情和崇高意志做為人類全體的情意成就的判準或尺度。所以，在情意的領域裡，我們無法只是專注公眾語言的開發，而淡化個人語言的經營。正相反地，我們需要特別著力於個人語言的經營，這樣才能促進公眾語言的開發。

就人類而言，就文明的人性而論，每一個人生都是一個榜樣——好榜樣、壞榜樣，或是可有可無、不關緊要的榜樣。一個一個的人生不是自然的人性規律的小小個例，個別的人生是文明的人性品質的佐證。要成就一個一個的人性佐證，關鍵要點就在於人生的記號化：經營個人的記號體系，特別是情意上的意義空間，開拓人生生命的境界，並且寄望進一步提升人性的品質。

在這樣的關鍵上，除了理性的（小）語言之外，感情的語言和藝術的語言更加扮演著不可或缺、舉足輕重的腳色。

5. 道德教育的形式與內容——多元主義的挑戰

教育和說教具有性質上和運作上的根本區別。籠統地說，教育在於涵養培植，令人發展，導人成就。說教則較為單純，它旨在傳達信念，鼓吹信仰或改造思想。用比較現代的話說，教育旨在建立與改良人生的「軟件」（軟體），而說教則集中在進行種種訊息的「輸入」。如果我們再進一步，應用現在我們正在使用的記號學的語言，那麼我

們可以說：「教育的目的在於開拓一個一個人的記號體系，令他們能夠在生命的歷程裡，不斷發展自己的意義空間，甚而參與發展他人的（個人）意義空間，以及公眾的意義空間，以便在人類的記號體系中（包括自己的個人體系裡），安排自己的生命，安排自己與他人的關係；甚至進一步增進文明，參與人性的演化。」可是說教的目的就比較單純，它安排他人的記號處理和意義接納，導人走向某種記號網絡或意義局面之中。

儘管如此，有時為了成效，我們將教育和說教兩者湊在一起，雙管齊下。有時由於對象的關係（比方對象不夠成熟），我們採用說教作為教育的手段。在極端的情況下，甚至以說教代替教育，企圖達致教育的目的。

方法的有效與否不只取決於施用的對象，也常常因時因地而變異。當今之世，知識發達，尤其是認知主義流行的地方，提倡道德，或推行道德教育，已經不可直接訴諸說教的方式了。這種方式之無效不只在於自己無法檢驗自己說法的真假對錯，更重要的是它沒有提出一個大家可以溝通交流的空間。

當今的道德教育面臨兩個主要的挑戰：一是上述的「認知主義」，二是同樣惑人惱人，也同樣風尚流行的「多元主義」。

上文已經談過認知主義，現在我們只需注意這股風潮對道德教育的衝擊。認知主義的泛濫引起人們一種錯覺，以為只有知識才是人生唯一可以信賴的東西。於是一切值得追求的東西都被人（尤其被專家學者）加以「知識化」，交付知識方式的處理。在道德的研究上也是如此。因此，我們現在普遍看到的不是「倫理學」，而是「後設倫理學」(metaethics)；不是道德哲學，而是道德心理學、道德社會學和道德人類學等等。在我們的道德語言（道德記號學）裡，知識的概念逼

趕著倫理概念；在我們的意義空間裡，認知的意涵壓迫著道德的意涵。

知識的力量已不待舉證，在提倡道德或進行道德教育時，它也一樣具有舉足輕重的地位和不可或缺的貢獻。這是一個科學昌明、知識爆炸的時代，我們絕對無法倡議反知或滅智的道德（比如，不可提倡「無知便是德」或「無才便是德」）。我們反對的不是知識，而是認知主義（或「知識至上論」）。我們要說的是：知識並非萬能，它不能領導一切，更無法取代一切（比如，它不能領導道德，更無法取代道德）——如果我們心存人類文明、關懷文化人性的話。

反對認知主義之餘，對於「多元主義」我們理應開懷擁抱，涵容對待。至少，這樣才不致令我們掉落自相矛盾的困境。

籠統地說，多元主義的精義不在於主張凡事必須有多於一個答案。它的首要精神是，在不是真假分明、不是對錯確定的情況下，容許多於一個主張，多於一個假設，多於一種信念或多於一種作法相比並行，同時運作。❷在知識的領域裡（包括數學和邏輯）容有多元主義；在藝術的領域、在感情的領域、在道德的領域，也容有（或是更容有）多元主義。

排斥了認知主義，懷抱著多元主義，接著讓我們思索一下，怎樣在我們的記號體系（語言）中經營道德的記號體系（小語言），方便促進道德教育的推行。

從形式上說，為了經營道德的意義空間，首先我們不宜將道德的

---

❷ 當然多元主義含藏著一個深層的假設主張：並非所有的問題最終都有一個正確的答案；或者更強的假設主張：一切問題都沒有絕對的（正確）答案（包括真假問題、對錯問題和美醜問題等），因為一切的答案都在某一個特定的系統中演繹而出，但我們卻永遠可以（假設主張）跨越系統，另闢途徑。

（小）語言孤立起來，單獨發展。相反地，我們在開拓道德語言的同時（而非之後），必須計較、參照甚至加入一起發展其他的（小）語言，不能只是在大語言的你爭我奪和比賽較量之間，才開始正視其他的語言。其中有幾種語言，在當今的世紀以及在下一世紀裡，將直接間接地和道德語言的開展緊密相關：第一，知識的語言；第二，感情的語言；第三，藝術的語言。

第一，道德的事雖然無需知識的查證，而且知識也無從用來查證道德（所以傳統那「實然」與「應然」之辯，有一大部分心機白費），可是人類的情懷之開和意志之立，也不能完全脫離人類經驗而期待收到比較普及的效果。知識正是人類經驗的（至少是暫時的）理論和結語，和知識相馳的情意取向，即使不是逆水行舟，也常常事倍功半。人類固然可以涵情立志於「天上」，但他卻依舊雙足踩踏於塵世之間。何況我們論述道德教育時，必須著眼於「全民教育」之需，而非「天才班」或「聖人班」的個別要求。

從這個角度看，認識知識的語言有助於開發道德的語言，釐清知識的語言可以增進道德語言的拓展。在認知主義風行之下，有時人們產生這樣的錯誤心態：只有確切不移的才值得採信，（科學）知識確切不移，所以（科學）知識值得採信；相反地，道德（價值）不是確切不移，因此道德（價值）不值得採信。姑且不論這樣的推理是否合乎邏輯（事實上，那並不是一個對確的論證）， 我們仍然可以質問裡頭所含的前提是否正確無誤。我們可以對第一前提大加辯論，甚至全盤否定，自不待言。更重要的是，當今連第二前提都大有可疑，亟待澄清。不論從理論的建立、系統的完整或實用的準確性看，（科學）知識都不像許多人想像的那麼確切不移。倘若我們再從解釋學的觀點看，將（科學）知識理論當作文化建構去考量，那麼其確切不移的品

質也就更加難以成立。二十世紀在邏輯系統論（尤其後設論）、 在數學基礎論、在知識論，以及在科學的哲學上的成就，令人類掃除了許多知性上的迷霧，矯正了不少對科學的錯覺。當知識的領域都可以容納多元主義的時代，我們為甚麼因為道德的建構無法通過「絕對主義」（或「一元絕對論」） 的檢驗而灰心喪氣、束手無策呢？簡單地說，經過二十世紀的努力，人類正面對重新建構道德語言的大好機會。只是我們不應閉門造車，孤立自創。人類知性的成熟正可以增益其德性的建立，正確而深刻的知識教育有助於成熟而合理的道德教育。

第二，雖然道德無需知識的給證，可是它卻依賴感情才能起飛。人類由於有情而生德，不是為德而造情。所以，感情是道德的原動力。不但如此，感情有時也是道德的目的。

從這個角度看，道德教育必須奠基於感情教育。沒有深刻堅實的感情教育，一切苦口婆心的道德教育最終必然全都落空。我們可以說，成功的感情教育是成功的道德教育的必要條件。

可是談論起感情，尤其論及感情教育，我們必須注意一些概念上的分際，避免思想混淆。下列兩件事特別值得我們在此提出。首先我們不可輕視上文所說那感情和感覺的區分，尤其注意避免誤蹈「感覺主義」的陷阱，不管是否起因肇源於「認知主義」。 儘管所有的感情都隨伴著某種感覺，然而那些感覺的總和卻無從用來界定感情，更無法用來取代感情。當今這個時代，尤其是「行為主義」仍未銷聲匿跡，許多人依然只由外表窺看內在，甚至全將外顯現象當成真實內涵的時代，❸我們需要謹慎耕耘感情的語言，認真開拓它的意義空間，把「人是有情的動物」這個肯定註解澄清，並且提升到另一個更高的境界。

---

❸　我們都知道含意不同的兩個語詞可以指謂同一事物，但卻常常忽略這樣的事實：同樣的外顯現象，內裡可能蘊藏著相異的真實內涵。

在我們開發感情的記號體系時，很容易遭遇到另外一個根深蒂固的混淆。我們常見許多人將感情和理智對立，並且進一步假定兩者經常互相排斥，彼此衝突。事實上，我們所要擔心的是感覺而不是感情，我們亟待馴服駕馭的也是感覺而不是感情。在知性方面，我們必須運用理智，洞察感覺，區別真知與錯覺。另外在感性方面，我們也需要訴諸理智，透視感覺，劃分感情和激動。但是，那是針對感覺，而不是針對感情。理智不是用來監視感情，感情也不是用來軟化理智。事實上，人之所以成為萬物之靈，最重要的是人類的感情含有理智的邏輯，而且人類的理智表現著感情的矜持。這些當然不是自然演化所賜與的成果，而是（文化）人性辛苦開拓出來的成就。在這個關鍵上，感情語言的經營，尤其是它和知性語言的交融會合，將是維持人性成就以及進一步提高人性成就的保證。這就是為甚麼感情教育是道德教育的基礎。因為道德關心的是人性的成全，可是在最重要的意義下，感情界定了人性，指出「人性工程」努力開發的方向。

第三，儘管二十世紀的藝術語言迷失在「認知主義」的濃霧之中，可能進一步跌進「感覺主義」的深淵裡，可是感情記號體系的開發將不可避免地重新喚起感情的「藝術表現」或「藝術建構」的要求，而不滿足於藝術的「感覺發洩」或「感覺誘發」的功能。畢竟，感情的發展不只志在尋求強烈和深刻，它也注目優美和平衡。感情自有理性的邏輯，但卻尋求藝術的安排。如此下來，感情的開拓才能更加高遠和更加超脫。從這個觀點看，感情教育必須和藝術教育結合；但因道德教育必須和感情教育結合，所以道德教育必須和藝術教育結合。這就是為甚麼在開發道德語言的同時，我們不可忽視藝術語言的現狀和進展。

簡要地說，從形式上看來，道德教育必須著力於人生的道德上的

記號化，開拓經營文化人性的道德意義空間。可是在這類努力的過程中，我們必須兼顧人類的認知的語言，尤其需要與人類的感情的語言和藝術的語言結合，使我們的道德教育提升到另一個高度之上。

這樣一來，在我們的整體教育中，知性的教育是道德教育，感情的教育是道德教育，藝術的教育是道德教育。因此，在我們檢討道德教育的同時，我們也要反過來問：我們怎樣進行知性教育？我們怎樣進行感情教育？我們怎樣進行藝術教育？

以上是從道德教育的形式條件立言。當然只是探討形式條件，並不自動勾勒出它的實質內容。讓我們接著探索道德教育的內涵——從記號學的觀點看，作為本文的結束。

道德所關心的是（文化）人性的成全。可是人性不是自然演化的必然結局。它的開拓發展主要起於人類在情意上可以逆轉的決定。人性的成全操在人類自己的手中。人性的過去是人類過去努力的成果，人性的未來也將是人類未來辛苦的結晶。

從實質內容方面來說，既然道德的建設從感情的培養開始，可是我們要培養甚麼感情呢？不同的感情全都可加以引發孕育，然而培養出不同的感情不是終久可能結晶成不同的道德嗎？

是的，感情的生成沒有必然的取向。但這並不表示，不管我們培育出甚麼感情，我們的生命情狀和人生面貌終久都是一樣。正相反地，感情不是可有可無的人生添加劑，它是文化人性的指標（所以我們說「人是有〔感〕情的動物」）。如果我們不是如此發揮感情，人類或許成不了萬物之靈；倘若今後我們不是繼續如此發展，人類可能走向衰退敗亡之路。所以，儘管感情之事並非事屬必然，但是它卻並非隨意盲目。對於人類的前途和人性的開拓來說，在感情開發的道路上，不僅有平凡庸碌的被動之眾，同時也有智慧超俗的領導之士。感情也像

其他的人間事物，必須加以發掘，必須加以發明，必須加以提倡，必須加以鼓勵。當然，這一切都不是理所當然、天經地義的事。感情的成就也像知性的成就一樣，並非勢在必有，但是卻令人得之欣喜。那是人性發展上的喜悅。

在這裡，我們應該避免一種錯覺。我們不是純粹以實際效用或工具價值來評論感情的開發。舉個例子來說，我們一般所提倡的愛心，在生理和心理上跟一般動物（包括人類）的母性具有起源上的密切關聯。可是，我們提倡愛心並非只是志在維護母性，或者進一步利用母性。遠古的人類也許如此，不文不明的社會也許如此，然而我們已經進化了，我們已經超越了。設想：如果有一天，人類普遍不採用人體孕育幼嬰，那時母性若不是如此重要，我們還提不提倡愛心呢？

當然，這也不表示人類的感情必須完全脫離塵土，必須「不食人間煙火」，才算深刻，才算崇高，才算文明。我們只是說：感情也許有它的生理根源，但卻不能只訴諸功能和作用去開拓它的內涵，釐定它的意義。

就以我們認為需要提倡的愛心來說。從遠古的人類開始，它就以比較簡單直接的方式和個人自己生命的需要以及群族繁衍的期待關聯在一起。那是和其他動物的行為表現一脈相承、演化連續的。可是難道只效母鳥哺餵幼雛就算是情，比照公雞母雞之間的事就算是愛 ——倘若沒有安放在感情的記號體系裡去安排，倘若沒有收納在感情的意義空間裡去開展？⓮

我們已經說過，感覺並不就是感情，外顯的行為也不能用來界定感情。感情是記號化的結果。它是我們心中的意義，是我們記號體系

⓮　我們無意在此否定各種動物也有其本身的記號行為，因此可以演繹出牠們意義的感情，但那不是人性意義的感情。

的意義空間裡的項目。

可是感情意義的疏解和演繹首先需在個人（感情）語言的意義空間裡進行。這是我們時下遭遇到的大難題。

在我們忙碌的社會裡，小家庭不再能夠充分扮演感情教育的角色。我們的幼童不容易在他們歡樂的時代裡建立自己比較鮮明的個人（感情）語言。可是學校的集體教育，以及其他大眾傳媒的輸出，又以不盡親切但卻難以抵擋抗拒的公眾語言為能事。結果在現代人的感情語言裡，產生不少顛倒是非和本末錯置的現象。我們從破碎支離的個人語言，急切而無選擇地擁抱起無根無據、不知所以的公眾語言。有時我們迷失其間，而不確知怎樣做出感情的安排和演繹。比方，我們現在有許多人在尚未理解親情之前，早已投身男女之「愛」；或者在還沒有機會細細在內心醞釀感情的時刻，卻一味縱身於無限「情」願的身體的感覺。感覺的確是真的，感情卻可能是假的；情好似出乎自己，愛到頭來卻飄忽無蹤。我們的感情的語言沒有暢順的開展，我們的道德意義空間也失去了最實質、最有力的支柱。所以，怎樣幫助他人建立一個能夠充分疏解感情、可以超俗演繹愛心的個人語言，這是當今道德教育家的一大急務。世上的萬有萬無都可以記號化：我們周遭的事物可以記號化，我們自己的身體可以記號化，我們的精神事物可以記號化。愛的事可以記號化，情的事可以記號化，性的事可以記號化。問題是怎樣由個人自己的記號行為開始，貼緊自己的情意經驗，建立自己情意的語言，開拓自己的情意（的意義）空間。知識的養成可以集體辦理，情意的建立需要個別從事。我們身處在一個母親的角色淡出、母愛不一定是愛心經驗的起點的時代，我們面對一個公眾的感覺語言高張、個人的感情語言萎縮的局面。如何令人言之有物並且言之成理地開拓人生情意的境界，這是下一世紀的愛的教育的主要課題，

這是今後道德教育的主要內容。

1993年11月19日

從記號學的觀點看翻譯

0.前言

　　1971年本文作者發表了一篇論翻譯的文章，名為〈從語用上看翻譯〉("A Pragmatic Conception of Translation")❶。該文係作者於1966年在密西根州立大學，修讀簾納德(Henry S. Leonard)教授所開設的研究院討論課時所寫成的。經過了這麼多年，直到1995年被譽為現代翻譯理論之父的尼達(Eugene A. Nida)博士訪問香港中文大學。他看到這篇文章，注意到其中的觀點。於是在他一再鼓勵之下，重新構思，寫成本文。由於有此淵源，特地在此向尼達博士致意。

　　本文原以英文寫成，名為 "On Different Conceptions of Translation：The Pragmatic, the Semantic and the Syntactic"。作者將該文獻給已故的簾納德教授，並寫下一段紀念他的文字附在文後。現在此文係上述文章的中文版本。

1.翻譯是種記號行為

　　翻譯是人類所進行的記號作為中，極其重要，甚或是最關緊要的

---

❶　該文本來是在1966–67學年秋季，於亨利・S・簾納德的研究院討論課裡所呈交的學業論文。那是在1966年12月18日寫成的。原來的題目是："A Pragmatic Conception of Translation: An Application of Dr. Leonard's Theory of Meaning"。

一種。自從人類在地球上出現以後，不同的種族，不同的群體，以及不同的個人之間，一直不斷地將對方的觀念翻譯到自己的概念系統之中，藉以成就彼此的理解，增進互相溝通，完成某種目的。此類翻譯有時單向進行，但是通常都是雙方來來去去的雙向溝通。這類的作為基本上是屬於記號學的性質的，目的在於獲取其他人心中所懷有的意義。這是人類以智對智，以心傳心，有時甚至演變成以眼還眼，以牙還牙的根本溝通方式。在這個意義之下，翻譯、理解和溝通，三者變成彼此互通相成，彼此可以互相界定。這種遠從人類史前時期，早就已經存在的翻譯活動，構成人類求生競存的基礎，演成人性文明開展的根據。這中間所牽涉到的翻譯過程，可以說是「行動導向」的。為了簡單起見，讓我們將之稱為「行動翻譯」(act-translation)。在人類的演化和人性的開展的漫長進程當中，這種行動翻譯令我們對自己的同類，有可能產生瞭解，產生有用、有效的瞭解。

然而，自從我們遠古的祖先發覺有需要進行這種行動翻譯，並且實際採取步驟著手投入以來，人類的記號行為的進展也就愈來愈發神迅。用來表達的行動成例(act-token)也就發展成為「具有意義」的行動類型(act-type)。為了實用目的而隨意創制的途徑，轉變而成為表示意向的「俗成記號」(conventional sign)。一步一步地，而且持續不斷地，散漫而缺乏系統的記號不停湧現，並且給人加工精化成為富有結構，具有系統性的表達方式。最後，構作出今日我們所熟知的口述語言和書寫語言。

當這種狹義的語言廣為流傳使用之後，記號行為(semiotic act)在人類的歷史上，也就開始發展到一個重要的轉捩點❷。除了說話這種

---

❷ 在人類的歷史上，還有其他次數的語文轉向。晚近，本世紀的早期分析哲學所昭示的，也被標明是進行著「語文的轉向」(linguistic turn)。參見

行為，除了留下人造的表意標記而外，人類開始將此類行為所產生出來的衍生物，當成是有自己獨立生命存在的東西。我們可以對這些東西加以談論，加以考察，加以欣賞把玩，甚至對之產生恐懼，加以崇拜。

我們在像說話或書寫等使用語言時，所產生的成果產物，可以名之為「文本」(text)。它可以是一個字，一句話，一個段落，或者更大的表辭單位。在我們使用語言的時候，我們總是不斷地創作出不同種別的文本。我們能夠使用文本來進行許多事情。事實上，可以使用它來進行無窮無限的行動。比方，在過去數千年來，人類對於他所創的文本，做了一件很重要的事，那就是製造文本的翻譯。「人是翻譯的動物」。 人類基於某些標明出來的目的，或者未經標明的目的，將某一個「源出文本」(source text) 轉變成一個「標的文本」(target text)。相對於上述的行動翻譯來說，「文本翻譯」(text translation)在這種意義之下，成了第二層次的翻譯活動。

2.行動翻譯與文本翻譯

在人類尚未發明語言的種種記錄裝置、書寫的板塊、紙張、印刷物等等之前，我們的遠古祖先依賴他們的記憶力，去儲存文本，並且將之代代傳遞下去。不過，具體的語言記錄設備令人類產生豐碩的文本，並且接著無窮無盡地繁衍派生。這樣的文本豐富盛發，所開出的其中一個奇異的後果，就是文本翻譯的濫殤。這樣的文本翻譯不必然出自溝通上的需要，或者生活或適存上的目的。它可以只是基於追求瞭解，意欲知曉，或志在欣賞把玩。

Rorty〔1967〕之導言。

　　文本翻譯充實我們的文化，它也增進了我們的文明。不過，我們在做文本翻譯時，倘若沒有心存那更加基本，那第一層次的行動翻譯，那麼進行起來可能變得表面膚淺，甚至盲目走野──至少在概念構思上如此，如果不是在實際運作上也如此的話。

　　為了說明這一點，讓我們首先舉些簡單的例子。讓我們發問，下列英文語句（語句文本）⑴可否翻譯成為中文語句⑵：

　　　⑴　John is David's brother.

　　　⑵　〈C John is David's elder brother or younger brother.〉❸
　　　　　（約翰是大衛的兄弟）

在中文裡，⑵並不通順。它不似底下的⑶和⑷：

　　　⑶　〈C John is David's elder brother.〉
　　　　　（約翰是大衛的哥哥）

　　　⑷　〈C John is David's younger brother.〉
　　　　　（約翰是大衛的弟弟）

同時，在中文裡，下列的⑸和上述的⑵，⑶或⑷，都有不同的意義：

　　　⑸　〈C John is David's brother.〉
　　　　　（約翰是大衛的兄弟）

---

❸　像在作者1971年的那篇論文裡一樣，我們在本文中，也使用“〈L……〉”
　　來表示“……”是以語言L來表達的。而“C”，“E”和“J”分別代表中文、英
　　文和日文。

事實上，近年來愈來愈多的醜怪歪曲的翻譯，不斷出現，好像將⑴翻譯成⑸那樣。這樣的翻譯只是語文上的表面改寫，那是一種俗陋不堪的文本翻譯的例子。

再舉一個例子。在所謂的傳統的三段論邏輯裡，號稱為定言述句的，可以歸類為底下四種不同的類型。那就是：

A:　　All S is P

E:　　No S is P

I:　　Some S is P

O:　　Some S is not P

我們之所以將上述的E，亦即下列的⑹：

⑹　　No S is P

不表達成為下列的⑺：

⑺　　All S is not P

那是因為該語句有歧義。不過，以上述的A，E，I，O的方式來呈示，並不能好好表現定言述句到底是肯定或否定的「質」，以及到底是全稱或特稱的「量」，在四個類型裡表現出來的互反和不對稱的分佈狀況。相反地，下列的呈示則可以：

A:　　$\langle_C$ All S is P$\rangle$

（凡 S 是 P）

E:　〈$_C$ All S is not P〉

　　（凡 S 非 P）

I:　〈$_C$ Some S is P〉

　　（有 S 是 P）

O:　〈$_C$ Some S is not P〉

　　（有 S 非 P）

由於下列(8)並非歧義：

(8)　〈$_C$ All S is not P〉

　　（凡 S 非 P）

我們沒有理由要中國邏輯學者將(7)翻譯成下列的(9)：

(9)　〈$_C$ No S is P〉

　　（沒有 S 是 P）

雖然(8)和(9)兩者在邏輯上相等，可是(6)和(7)則未必如此。這是另一個膚淺的文本翻譯的例子。這樣做犧牲了邏輯語法上的清晰和簡潔❹。

　　現在讓我們觀看一個一下就變成典型的膚淺翻譯的例子。毛澤東大言不慚地把自己說成是：

---

❹　在此我們只用到〈$_C$ All〉和〈$_C$ Some〉這兩個量化詞，而非使用〈$_C$ All〉，〈$_C$ No〉和〈$_C$ Some〉等三個。

(10)　無法無天

原先他使用的字眼是：

(11)　〈C A monk under an umbrella.〉
　　　（和尚打傘）

他套用傳統中文的一種叫做「歇後語」的特殊成語。將歇後語依照慣例隱藏著沒有說出來的歇後文本。那就是：

(12)　〈C No laws, no heaven.〉
　　　（無法無天）

而這個文本自己，又另外從一個諧音的文本中衍生出來的。那就是：

(13)　〈C No hairs, no heaven.〉
　　　（無髮無天）

因為，〈C hair〉（髮）和〈C law〉（法）兩者雖然聲調稍異，但卻協韻而類音，由於，和尚通常不只理髮，而是剃頭，因此沒有頭髮；同時，又由於〈C sky〉（天）在此和〈C heaven〉（天）相同，因此，人們把(11)和隱藏的歇後語(12)互相聯結，並且據此推衍，又和(10)連結起來。
　　可是，我們在過去二十年所目睹的現象又如何？毛澤東那個原先對自己無法無天的描述，也就是上述的(11)，卻給人翻譯成為類似底下(14)這樣：

⑴⑷　(Mao was) a lonely monk walking toward a setting sun
　　　with a leaking umbrella.

　　〔毛是〕個孤單和尚，撐著漏傘，走向斜陽。）

如果我們把這個翻譯比諸原來的文本⑴⑴以及其隱含的歇後文本⑴⑵，或由之衍生的文本⑽，我們不得不得出下列的結論。我們無法將由文本⑾，因此由文本⑿，而轉變成為文本⒁的活動，稱為翻譯；甚至連惡劣翻譯都談不上——倘若我們依然要注意區別翻譯一事和想像力的隨意發野，二者之間有所不同的話❺。

　　我們可以不厭其煩地增加那些膚淺的表面翻譯的例子。這種翻譯變得機械化，膚淺而怪異，講求字面功夫，錯失而謬誤。

　　在比較概念的層次上立言，沈溺於文本翻譯本身，而沒有適當地自覺到，並且充分地關切到相應的行動翻譯的話，結果在翻譯的構思和理論上，容易導致理論性的停滯不前。

　　我們已經說過，自從人類起始以來，在不斷的演化過程中，翻譯業已成為人類所進行的極其重要的記號行為。現在依舊如此，甚至變得可能益加重要。而今，由於記號學成了學術研究的課題，很自然地，一個研究翻譯的理論學者，在形成他的想法和推進他的理論時，他會從記號學那兒獲取靈感，尋求指引。對於要將翻譯發展成為一種學術領域的目的來說，這是完全正常而健康的事。不過，一個學術領域要從另外的學術領域借取概念和分類，並且衍生出基本假定和工作假設，就算那是個有關聯的學術領域，也有可能令該領域誤入歧途，或者選錯起點。比如，我們由記號學的探討上，可能就自然地出以推廣，以

❺　此一翻譯，以及類似的翻譯，一次又一次地在西方報章上出現。最近《時代》雜誌又引用了這個翻譯。

為翻譯的研究也可望劃分為三個不同的區域,亦即翻譯的語用學研究,它的語意學研究,以及它的語法學研究;因為今日的記號學號稱區分三個區域:語用學、語意學和語法學,而這三個分區,似乎可以各自存在,穩定發展。可是有個關鍵性的問題,有待解答。那就是:記號學雖然區分出這樣三個彼此可以獨立發展的領域,但是這樣的三分是否令記號學朝著健康豐盛的方向發展呢? 翻譯研究是否適宜盲目跟從這樣的區分呢?

我們不準備對這個問題加以細節上的探討,因為那牽涉到冗長到可以寫成專書的一系列的問題。讓我們在此僅將翻譯主要當成行動導向的作為,而不只是文本導向的作為。所以,本文的目的就在於準確標明出行動翻譯到底是何物,或者理該是何物。

3. 從語用學的觀點看翻譯

我們已經說過,對於許多不同的人生目的來說,記號行為顯然是講究作為的東西。遠從人類第一次語言轉向之後,語文行為本身雖然絕非完備,也非完全有效,但卻一直是講究作為的(performative)。現在,愈演愈是如此❻。不過,我們在上文裡也提過,這件事可能因為我們沈溺於語言之故,而遭忽略。尤其是在我們注意關切語言文本的製作和再製裡,該一事實更加消失無蹤。所以,正像在作者之〔1971〕文中所作的一樣,我們在此倡議應該拿針對某目的之記號行為,作為處理語言文本之間的轉換之主要考慮。提起文本之轉換,翻譯行動只是其中一種重要的例子。

---

❻ 此一觀點和當代英國哲學家 John Austin 從另一不同的角度所提出的想法,互相印證。參見 Austin〔1975〕。

這樣說涵蘊著底下的觀點：在談論翻譯的時候，我們要將注意力集中在製作或再製文本的意向，而不是集中在製作出來或再製出來的文本之上。可是，由於記號作為的意向是語用學所探討的題材，因此我們要說，此一進路是以「語用翻譯觀」為基礎的。

在作者之〔1971〕裡，此一理論的簡化版本是構作來當成是簾納德的意義論的一種應用、延伸和修正。簾氏順著美國實用主義的傳統，將「表意」(to mean)當作是某某目的(purpose)的標示。根據簾氏的說法，一串符號所成的表辭(expression)是用來「表達」(express)一個人的「關注」(concern)，用來指示 (indicate) 該人的「關注點」(topics of concern)，是用來「意謂」(signify)該人的「目的」(purpose)❼。所以，我們可以說，當我們使用一個表辭來行使一個記號行為時，我們的行動在於意指我們的目的，在於表達我們的關懷，在於指示我們的關懷點。

為了適應現在的需要，讓我們對於作者早期有關此論題的著作略加改動，而簡要地歸納出一些基本的論旨。讓我們提出下列關於「成功」翻譯的判準或條件，做為探討的起點：

R1　我們說一個說述(discourse) D′是另一個說述 D 的成功翻譯，若且唯若表述D′的記號行為和表述D的記號行為可望履行同樣的目的❽。

---

❼　括號係本文作者所加。簾納德進一步創說：表達、指示和意指三者因而是意義的三個樣態。參見Leonard 〔1957〕，第14.3–14.6節。

❽　參見Ho〔1971〕，頁66。在1971的論文裡，作者試圖標明成為翻譯的充分而又必要條件，而不是像在此所提出的成為「成功」翻譯的充分而又必要條件。根據兩個判準來說，任何說述，在微不足道的意義下，都是

根據簾氏那語用上的意義概念，我們可以將這個條件，重新整理如下：

R1a　我們說一個說述D′是另一個說述D的成功翻譯，若且唯若表述D′的記號行為和表述D的記號行為表達同樣的關注，並且指示同樣的關注點。也就是說，若且唯若兩者意指同樣的目的。

顯然可以看出，這樣的判準是將翻譯當作是具有多項參數的一種映射或關係。我們在上文提到關注，也提到關注點，這兩者構成目的一事。然而，參數的清單可以一直標明細列下去，一直衍生增加。比如，我們並沒有標明D和D′分別是在那個語言裡表述出來的。我們所談論的到底是語際(inter-linguistic)翻譯或是語內(intra-linguistic)翻譯。此外，我們也可以將關注和關注點，再加分析，區分為在不同層次上的種種類別，因而又增加了上述映射或關係裡的參數的數目。這樣一來，R1a也就可以給人改寫成一個遠為複雜的形式。不過，我們不擬在此這麼做，因為那不是本文的主要目的。

　　不過讓我們在這裡指出，關心翻譯所牽涉到的語言，或是關心語言裡頭的某些特性，那在翻譯的討論中，是件不可輕易加以忽略的事。舉例來說：假定簾氏這位哲學家跑到日本去講語用學。他為了要區別一個表辭的「使用」(use)和「提指」(mention)，可能做出像下列這樣的話語：

(15)　⟨E Tokyo is a big city, but "Tokyo" is a single word.⟩

自己（成功的）翻譯。並且，根據推論，一個特定的說述容有不只一個（成功的）翻譯。

不過他的隨行翻譯，卻可能得將(15)翻譯成底下的(16)：

(16)　⟨J Tokyo is a big city, but "Tokyo" is a two-word term.⟩

當然，在通常一般的意義底下，「一個單字」和「一個兩字詞」絕非同義語。所以，我們不能將翻譯看成是旨在保存同義性的文本之間的映射。

我們在上面(R1a)所闡釋的，旨在將成功的翻譯看作是介於表辭與表辭間，或表述和表述間，旨在保存同樣目的的轉變。在這裡，我們或許應該順便一提，由(15)到(16)這一轉變所遭遇的困難是完全可以避免的。比方，倘若簾氏熟諳日語，他可能就會設法避開這類困難。他可以使用或多或少相似的例子，但卻巧妙地迴避這個困難。比如，他可以說：

(17)　⟨E The capital, Tokyo, is a big city, but "the capital,
　　　　Tokyo" is a three-word term.⟩

而令人將它翻譯成為：

(18)　⟨J The capital, Tokyo, is a big city, but "the capital,
　　　　Tokyo" is a three-word term.⟩ ❾

這就成了一種一字對一字的翻譯了。這時兩種語言潛在的差異被隱藏

---

❾　"The capital, Tokyo" 可以直接翻譯成為「東京都」。這是該城通常的名
　　稱。它包含著三個字（三個單字或三個「漢字」）。

在文字的表層之下，因為意識到有這難題而有意地加以迴避。這點很清楚地告訴我們，在處理翻譯問題時，關注、關注點，以及目的，佔著中心的地位。

當然，我們可能遭遇到比這些更加難以克服的困難。在底下的例子裡，一位英語老師有意地說出這樣的語句。要怎樣瞭解它和怎樣加以翻譯，那就要看那位老師說這句話時的關注和關注點了：

(19)　Do not use a preposition to end a sentence with!

在(19)這一記號行為所表達的規勸，即使是對的，可能無法給翻譯成為中文，更不用談有方便簡單的譯法。

讓我們舉出另外一個例子。那是二十世紀著名哲學家羅素提出的，據說是他祖母之作。她笑談哲學家對形上學裡的心和物之本質和關係爭訟不休，於是這位在羅素小時候教他數學、哲學等等功課的老太太，說了下列一句又歧義又睿智的話：

(20)　What is mind? No matter; What is matter? Never mind.

這句話存心巧妙地結合了下列兩個說述，其中一個是一陳述句，另外一個則是個規勸或價值判斷：

(21)　That which is mind is not matter, and that which is matter is
　　　not mind, ever.
　　　（是心總非物，是物就非心。）

(22)　It doesn't matter what mind is, and we should never mind what matter is.

（何謂心，誰管他；甚麼是物，不要理會。）

簡單地說，(20)是用來行使一種混合的記號功能。這樣的功能卻無法適當地給映射到中文裡頭。

然而，這個例子是不是一個無法克服的不可翻譯的例子呢？在此，我們同樣需要回到這個問題：在進行(20)所描繪的記號行為時，其中的關注、關注點和目的在那裡。

在1971年，作者提出一個假設性的答案。❿假定有個語言K，在其語彙中，〈$_K$ Z〉的意義是「分析的」，而〈$_K$ Y〉的意義是「綜合的」；不僅如此，〈$_K$ No Y〉的意義是“No matter”，而〈$_K$ Never Z〉的意義是“Never mind”。那麼，底下的(23)可望成為(20)在語言K裡的一個成功翻譯的好例子：

(23)　〈$_K$ What is Z, no Y; what is Y, never Z.〉

這在本世紀之初頗能奏效，那時分析和綜合到底如何標示，兩者關係如何，正有如心和物在早前的世紀裡的爭論之困難和糾纏一樣⓫。

那麼，這是否表示在不同語言之間，沒有什麼是不可翻譯的呢？當然不是。不過，答案依然要看原先用某一說述來進行記號行為時，其目的到底是什麼而定。作者在〔1971〕裡，提出一個類似底下的例子。底下(24)是歧義的：⓬

---

❿ 參見前引Ho〔1971〕，頁76–77。

⓫ 參見Quine〔1951〕。

⓬ 參見Ho〔1971〕，頁77。

⑵　(a＋b×c)

它的意義可以是下面的⑵，也可以不是，而是⑵：

⑵　((a＋b)　×c)

⑵　(a＋　(b×c))

假定我們寫下⑵，意欲保留其中所含的歧義，那麼就沒有可能將它翻譯成「波蘭記號法」的形式。只有⑵和⑵可以分別翻譯如下：

(25′)　MNabc

(26′)　NaMbc

其中"M"和"N"分別指謂著數學上的乘法運符和加法運符。可是⑵卻無法翻譯。比方，我們不能將⑵翻譯如下，其中"A"代表邏輯上的選取運符，亦即邏輯上的「或者」：

(24′)　AMNabcNaMbc

因為，不像⑵有歧義，(24′)是完全沒有歧義的。在波蘭記號法裡，生來就不存在這種結構上或語法上的歧義。

　　可是，也許我們會問，為什麼要關注這種保留歧義性的翻譯呢？或者擴大來說，為什麼要關注保留任何性質的翻譯呢？我們是否太過認真，太過沈溺於完全屬於學術上的思想運作呢？人生需要我們如此拘泥嗎？

讓我們這麼看罷：一方面大家都知道，語際翻譯存在著許多難以克服，甚或不可能辦到的事。可是另一方面又有許多人過著跨文化，因此是跨語言的生活方式，他們似乎明顯地並無困難。他們能夠由一個文化到另一個文化，從一種語言到另一種語言，進行著重大的記號行為，而沒有真正的缺憾。我們不試圖去說我們所說不出的話，可是生命照常，文明繁衍依舊。我們是不是也從這個角度來設想翻譯的問題呢？

採取這種立場，現在假定簾氏身在日本，他為了實現他的目的，表達他的關注，指示他的關注點，他自會小心選擇那些至少在原則上可加翻譯的說述方式。他不會選擇一些倘若自己要加以翻譯，也無法翻譯的表辭。他會謹慎考慮，那些是他選擇怎樣述說時，所要意指的目的。基於這樣的考慮，我們要在此重新引入作者在〔1971〕裡所提到的一個概念，那就是「假設意向」(hypothetical intention)❸。此舉旨在修訂簾氏的意義論，以利討論翻譯之需。根據簾氏的想法，當我們問一個述說的意義時，我們問的是創制該述說的人意欲利用該述說來成就什麼❹。現在讓我們對此一講法略加修訂。我們要說，當我們發問一個說述用來指出的到底是什麼目的，就是發問倘若該創制說述的人「真要」做出那說述，那麼他「會要」意向些什麼。

這樣一來，原來我們以直述語氣構作的判準，也就可以改用假設語氣，重新加以構作如下：

R1b　我們說一個說述D′是另一個說述D的成功翻譯，若且唯若D′意指著D的創制者「假設地」意向的目的，而D意指他

---

❸　參見上一引文，頁73。

❹　比如，可以參見Leonard〔1959a〕。

所意向的目的。

我們沒有指出在討論翻譯這種映射時，可能需要的種種參數，我們讓這個判準保留些許含混的性質。

4.非語用的翻譯：語意翻譯和語法翻譯

我們在上文所闡釋的翻譯，是些通過說述的轉換而成就的記號行為與記號行為的映射。這樣的翻譯是語用性質的，其所牽涉的是關注、關注點，以及目的的指認與標明。不過，在某些情境下，我們可以成功進行翻譯，而無需深入考慮語用，無需多顧製作源出文本那原來的說述中所引發生出的語用現象。我們在翻譯比語句小的單元時，情況似乎特別如此。

比如，我們或許要將下列的說述譯成中文：

(27)　Vega in Lyra is the brightest star in the northern sky with an apparent magnitude of 0.14 and an absolute magnitude of +0.5.

我們首先可能或明或暗地，實際用筆寫下或只是在腦海中浮現斟酌下列的「開放語句」：

(28)　$\langle_C$ X in Y is the brightest star in the northern sky with an S of 0.14 and a T of +0.5.$\rangle$

當完成這些，接著在邏輯上，下一個步驟就是找出〈_C Vega〉，〈_C Lyra〉，〈_C apparent magnitude〉和〈_C absolute magnitude〉分別充當變數X，Y，S和T的值。這項工作有時被解釋成為在中文裡，找出"Vega"，"Lyra"，"apparent magnitude"和"absolute magnitude"的同義語的工作。也就是說，找出四個中文語詞，分別和上述的英文語詞一一配對，而每一配對全都跨語地保有同義關係。這樣的想法並非完全有根有據，但卻頗有理由。上面所進行的是兩件不同的事。一是為一個變數賦與一個語文表詞作為它的值。另一是在不同的語言之中，尋找同義的表辭配對。這兩者是不同的兩件事。理由是，在進行前者的時候，我們可能只計及語言的「指謂」功能，可是在進行後者的時候，我們卻兼計語言的「意含」功能❶。

　　回看一下上面的例子。我們很容易就可以將"apparent magnitude"和"absolute magnitude"改寫成中文。我們只要翻查科學語彙手冊，最好是天文語彙手冊就可以成事。其間具有「指謂」和「意含」兩方面全都一致的一一對應的映射。然而，當我們接著要翻譯"Vega"和"Lyra"時，事情就變得遠較不確定，遠較乏晰，遠較受制於傳統，遠較受限於文化。我們都知道，每一個文化全都有悠久的觀測星星的歷史，因此也全都有自己排列星星的辦法。中國人長久以來有他們自己的「星座」概念，並且對重要的恆星、行星和星座，有他們自己採用的名稱。比如，〈_C Vega〉（織女星）在中國那家通戶曉，男女皆知的美麗、浪漫而傷感的傳說裡，緊密而又普遍地和天鷹座的〈_C Altair〉（牛郎星）關聯在一起，我們不能根據古希臘的傳統，將前者譯成天琴之星，而又根據古阿拉伯的傳統，將後者譯成墮落之鷹。不僅如此，在中國人

---

❶　我們無法在此對語言這兩層面之間的關係詳加解說。參見Leonard〔1957〕，第三部份，第20-24節；或參見Ho〔1984〕，第三章，第13節。

的觀念裡，並沒有像古希臘的傳統似的，在夏夜的星空裡，有一個「芝力斯」的龜甲星座，漢密士(Hermes)利用那龜甲雕成七絃琴送給奧爾修斯(Orpheus)。等奧爾修斯死後，宙斯(Zeus)將它置放於眾星之間，成了天琴座。因此，如果我們尊重中國的傳統文化，也就無法將這個星座翻譯成中文的名稱❶。

所以，即使我們所討論的，是像上述的例釋一樣，出現在局部脈絡中的翻譯，那號稱保存同義性的翻譯之構思本身，也是充滿陷阱的。

與此一樣難關重重，甚至死結糾纏的是，建基在表辭位於每一脈絡裡之邏輯可換性，這類的語法翻譯概念。機器翻譯的想法本身，或顯或隱地就是建基在這種可換性的概念之上。這樣的進路整個建立在一種信念之上，以為在某一語文脈絡裡，兩個表辭在邏輯上是否全等，那是可以「有效地」加以確定的。不管這是不是個有根有據的信念，我們首先必須在標明一個語文或非語文的「脈絡」上，找出一個有效的辦法——雖然不一定是機械的辦法。不過，作者一直堅信每當我們要設法標定一個脈絡時，我們遲早會發現我們會由語法上的考慮（計較關注或關注點）而轉向語意上的考慮，而且很快地終於深深進入語用的考慮之中。上文中我們所提到的，有關標準記號法和波蘭記號法之間的轉換，可算是個就地取材的提示。我們可以找出無窮多其他的例子來。

---

❶ 當然，現在我們可以「科學式」地翻譯整個語句。事實上，1928年國際天文組織將全天的星座劃分定名為現在的88個星座後，此事也就可以如此為之。中國天文學家現在可以將該星座稱為〈c the Lyre in the Heaven〉（天琴座），而將"Vega"直接譯成〈c α Lyrae〉（天琴α），不理會自己固有的文化傳承。

5. 結語

由以上的闡釋，我們可以有理由地下結論說，翻譯而沒有注意源出文本的作者之意向，那一定是盲目的。不過，有時技術上的問題和短期的需要令許許多多的人使用接納盲目的翻譯，就像吃食消化快餐食品一樣，雖然這樣做在文化上不健康，從語言學的原理上看，也不符合衛生。

在這點上，我們必須強調，在建立文化傳統一事上，以及在跨文化的情境下，去瞭解和移植其他傳統一事上，講究語言衛生至少和講究文化健康一樣重要，甚而更加重要。事實上，這兩件事緊密而實質地關聯在一起。我們處在一個不講究謹言慎語，深思才說的時代，急速而大量地代之而起的是半生半熟，甚至完全不文不化的表辭和說話。所以，回頭思察進行記號行為的目的，回頭考慮在溝通和理解上，語文行為的本來功用，這是絕頂重要而成敗攸關的。在這樣的計慮之下，那麼「走回行動翻譯」(return to act-translation) 想是合時的忠告。我們時時刻刻眼見不良翻譯所帶來的破壞效果。我們絕不能將一個無法無天的怪人，說成是孤單、悠遠而又浪漫。這樣的文本翻譯到底能夠成就什麼樣的溝通？它到底又能促進我們什麼樣的理解？

符號邏輯的興起，計算語言學的誕生，以及在人工智能上對平行分佈處理方式的熱切期望，這些可能帶給我們一種幻想，希望有朝一日語意上的事可以給化約成為語法上的事。這樣一來，很快地我們就可以實現真正的機器翻譯。然而，我們在上文中所表達，所說明的觀點，似乎仍未被打破。不過這不是本文所要論列的題材。

　　＊作者希望將本文獻給已故的亨利・希金斯・簾納德 (Henry Siggins Leonard, Sr., 1905–1967)教授，以紀念作者在六〇年代，在密西根州立大學時，在簾氏的兩個研究院的討論課裡，和他一起的個人際會所得的溫馨回憶。簾教授重新樹立了一種勤懇為師，熱愛哲學，令人仰慕的榜樣。1967年當他前往德國渡假時，突然逝世，令他的同事和學生悲傷不已。1972 年之後，作者離開美國，從此以香港為家，也因此無緣在他墓前致最後敬意。多少年來作者總是寄望有朝一日能夠前往他的墓園憑弔。根據一本舊版的《美國名人錄》，　簾氏生於麻省的西紐頓城，但卻葬在緬因州的岩港 (Rockport) 鎮的岩村墓園。作者在想，那大約是簾夫人的故鄉，所以簾氏選來做為永息長眠之地，因此一直盼望有一天能到那兒拜見她，告訴她在地球遙遠的另一個角落，有一個人一直多麼充滿溫馨地懷念著她的丈夫。在過去的二十多年間，這個夢想幾乎實現的一次，發生在1977–1978這一學年之間。那時作者前往耶魯大學擔任訪問學人。可惜的是，那一年冬天發生了「世紀大風雪」，　加以作者需要照顧家中幼小，因此最遠也只走到波士頓，離開岩港仍然有多少里路的冰天雪地。

　　去年夏末，這個機會終於來了。作者向任教的大學請了假，進行一次長途旅行，特別下定決心走訪岩港。作者前往紐約市，紐約州的康寧、水牛城及尼加拉瀑布、羅切斯特與坎里耶達，麻省的安瑪斯特，紐罕布什州的葛連，並在接著走訪波士頓、鱈魚岬、新港，以及密西根州的荷蘭城、亞爾瑪、奧瓦索以及東蘭辛等等在作者過去三十年的生涯中，充滿溫馨回憶的地方之前，駕車由紐罕布什州的白山嶺內的葛連鎮，直驅緬因州的岩港。那是個八月之末的午後，新英格蘭的天氣變得不穩難料。整段行程都在下雨，有時雨勢頗大。途經的 302 號公路正在整修之中，減慢了行程。

就在人們收工的時辰之前，作者抵達岩港鎮內，內心充滿焦慮和無言的感傷。雨停了，天空變得愈來愈清朗。可是當作者駕車直驅鎮內的中心大街時，卻又驚訝又失望地發現整個鎮都成無人地帶。商店打烊了，街上不見人跡。岩港是個居山臨海的小城，面向一個海水清澈的港灣。可是在港灣裡只見船帆陳列，但卻未見有什麼動靜。作者找到路邊一家汽車旅店，停下來求助。不過看店的是個新來城裡任職的女子，並不知道有個岩村墓園。可是，她為人友善，樂於助人。當她知道作者遠從香港而來，為了拜弔已故的教授，就連忙幫作者在電話簿裡找到兩位與教授同名同姓的。其中一名可能是教授的兒子小亨利・簾納德。她也寫下警察局的電話給作者，以備不時之需。

作者打電話到警察局，才恍然大悟，這個小城的人不像每個從香港來的人所料想的，在五點鐘下班，他們在下午四點鐘就收工休息了。更沒料到的是，值班的警察本身也是新到該城。（事實上岩港這個美麗的小港城並沒有警察局，該局隸屬於一個較大的地區，或許是個郡屬的警察局。）不過，這位警察也一樣極為友善而樂於助人。他走開，跑去問別人。等了好一段時間後，卻回給作者一些撲朔迷離的訊息。他說岩港並沒有岩村墓園，不過附近的岩村鎮，卻有個大墓園。他很友好很耐心地為作者解說墓園的所在位置，告訴作者由他打電話的電話亭要經由那一條公路前往。啊，現在要怎麼辦呢？是《美國名人錄》弄錯了？回想起來，作者理應先寫信證實一下有沒有這個墓園，它在那裡。不過，事到如今也沒其他辦法，於是作者只好抱著憂喜參半的心情，又再駛上一段未知之路，一方面懷著希望，另一方面也帶著失敗的心理準備。

天空開始轉暗，儘管路邊湖上的水面依然清澈。在緬因州的八月末的無盡清冷裡，湖水裡的倒影沈澱結晶，又像是真實的，又像是夢

幻的世界。作者繼續驅車往前，可是公路上一切平靜，好像他是舉世無雙，唯一仍然在公路上尋找沒有達成的夢想的人。

　　啊，在那兒！作者緊急停住。在公路的右邊，在幾棵古老的大樹之下，有一個小小的未加欄的墓園。墓碑高高聳立，在漫長的時光裡歷經風霜。墓碑靜止而無聲息，可是卻驕貴而有尊嚴，像是一些永恆和沒有年齡的生靈。碑上的刻文大都在風雨中褪沒了，不過它們既實在又真確。有的隱約地標明十八世紀的日子，有的十九世紀。看到這些墓碑，人像是啜飲著歷史那莊嚴的苦茶。簾納德太年輕，不會位居其間。

　　作者雖感失望，但卻突然對這小城，對新英格蘭，對這個國家，對人類有種特別的了悟。他默默地走回他停車的地方。他注視那湖面，雖然這時太陽早已下山，四野的一切都要閉目入睡，可是湖面那黑色的倒影卻又是那麼動人的清澈，那麼無疵的結晶。作者再一次發動了引擎，再往前走，心想就是找不到簾氏的墓，也可通往下一個旅站。

　　天空變得愈來愈沒有色彩，它不再青藍，也不再明亮。作者加速遠離如今變得親切如斯的岩港。突然間，他瞥見一些墓石。那是在路的左旁！

　　依國際標準看，這個墓園絕不算大。不過園前有個小停車場。墓園由矮矮的籬笆圍起，有個小小的園門。好在園門沒有鎖上。

　　作者走進墓園，在天色愈來愈晚之中，開始尋找。他看完左邊一排，再看中間幾排。他還沒有查過這幾排，這時，不知怎的，他突然抬頭轉身，望見最右邊那排基碑中，在一棵樹的枝葉下，有一塊美麗而光潔閃亮的紅色花崗岩墓碑。他跑了過去，看到金色的碑銘「簾—納—德」清晰躍入眼簾。他走到碑後一看，眼淚不禁奪眶而出。安葬在這塊基碑下的，不僅是已故的教授，還有他所愛的妻子普利西拉·

簾納德。她於1980年逝世。

　　小城早已在這平安的黃昏裡關門閉戶，因此作者並沒有帶花前來。他只好就地撿取一朵小花，放在墓石上面，並且依中國人的方式，深深鞠了三個躬。這位受敬受愛的師長和他夫人的行誼，立即又生動活潑地銘刻在時間的永恆之中，銘記在人性的演化之上。

　　早星已出，作者只好帶著鄰近枝上歌鳥的晚唱慢慢離開。他無法在鎮上略度一宵，天亮再來憑弔，因為行程表上安排該晚抵達波士頓。從那兒，他要轉飛中西部，接著駕車去密西根州立大學，再去走訪舊時簾教授的研究室所在的那棟可愛的大樓。在那兒簾教授樹立一個永不磨滅的模樣，教作者怎樣成為一個熱心投入、親切可愛的哲學教師。

參考資料

(1) Austin, John L. 1975. *How to Do Things with Words*, Oxford University Press, Oxford.

(2) Ho, Hsiu-hwang（何秀煌）： 1971. "A Pragmatic Concept of Translation", *Philosophical Review*（《哲學評論》） 第一期。國立台灣大學，台北。

(3) 何秀煌1984：《邏輯（上）：邏輯的性質和邏輯的方法導論》，東華書局，台北。

(4) Leonard, Henry S. 1957. *Principles of Right Reason*, Henry Holt and Co., New York.

(5) Leonard, Henry S. 1959a. "Authorship and Purpose", *Philosophy of Science*, vol. 26, no. 4, pp. 277–294.

(6) Leonard, Henry S. 1959b. "Interrogatives, Imperatives, Truth,

Falsity and Lies", *Philosophy of Science*, vol. 26, no. 3, pp. 172–186.

⑺Leonard, Henry S. 1967a. *Principles of Reasoning*, Dover Publications, Inc. New York. Revised edition of 〔4〕.

⑻Leonard, Henry S. 1967b. "Synonymy and Systematic Definition", *The Monist*, vol. 51, no. 1.

⑼Quine, Willard V. 1951. "Two Dogmas of Empiricism", *Philosophical Review*, LX, pp. 20–43.

⑽Rorty, Richard 1967. *The Linguistic Turn*, The University of Chicago Press, Chicago.

英文本: 1995年6月11日

中文本: 1997年2月17日

電腦人性與人性電腦
——人類神性與神性人類

0.「上帝造人」的故事

每一個文化傳統裡都有神的傳說，我們都聽說過上帝造人的故事。其中有一個傳統說，上帝以祂的形象造人。

暫且不要急於闡釋「形象」之所指，也不細問「造人」的意義，❶ 先讓我們自由聯想一下這個上帝造人的事。

首先，在那樣的故事裡，上帝是無所不能的，但卻不是無所不用其極。祂輕易創造這個世界，但不求它完美無疵。祂造人，但沒有賦給他無邊的法力，卻給了他自由的意志。祂明知「後情複雜」， 但卻一刀隔分男女。祂可以超離自己的本性生物，但卻要依照自己的形象造人。

上帝為什麼要依自己的形象造人呢？這樣做或許有祂的歡樂：這樣一來，這世上不是有億億萬萬的小上帝。可是，有了滿地的人類之後，這個世界又是怎樣的呢？上帝有沒有回顧失望，悔不當初？現在，我們眼看這世界的困境不斷，難局重重，上帝又好似境中無力，局外逍遙；我們會不會為祂設身處地，瞭解同情？當初上帝以祂的形象造人或許有祂難言的苦衷？

---

❶ 比如，父母有沒有以他們的「形象」衍生子女；母親生子，但有沒有「造人」？

不論基於什麼心情（比如遊樂清玩之趣），不論具有什麼意願（比如考驗人類意志之想）， 上帝創造一個物理機械規律所支配的「自然世界」， 並造人生活奮鬥其間。這是完全可以理解的。就是有意安排人類不淑墮落，加添原罪，也算可以想像。可是為什麼需要以自己的形象造人，讓人難堪受苦，浩劫當頭。這樣拿自己的形象交給不完不美，不賢不淑的人類，充當受引受誘，受迷受惑的實驗，終久不會敗壞上帝的形象嗎？

也許上帝有祂的苦衷。祂要創造的是一個自己無法駐足停定，不能入住久居的世界。祂無所不在，因此不在任何特定的時空，否則違反祂自己創造的自然律；祂全能而神力無限，但卻超乎這個世界之因緣界外，因此無法在這個世界發揮施展，不然又抵觸自創的世界定律。也就是說，祂創造了一個「異類世界」， 充滿不合乎祂的本性本能的異類事情和異類事物。❷祂自己則超然絕塵於這個世界。

---

❷ 創造這個世界的上帝，自己不屬於這個世界。祂不在這個世界的自然律則的規範下，也不能利用這類的自然律則干預和再塑這個世界。比如，祂的神力的「力」和祂為這個世界創造的事情事物所能發揮的「力」，就大異其趣。比如，祂創造給這個物理世界的力具有下列特性：

$$F = M \times A$$

（F 是力，M 是質量，A 是加速度。） 可是從我們這個世界的觀點看，上帝是沒有質量的（質量等於零），因為祂不是這個世界的物質。同時，由於祂無所不在，因此祂不在運動，也就是說祂並沒有加速度（加速度等於零）。從這兩點推論（事實上，其中一點就夠），上帝在這個世界沒有力量（力等於零）。（上帝在這個世界沒有力量，並不表示祂沒有力量；正好像某人在某銀行沒有存款並不表示他沒有存款。） 依照上帝造給這個世界的法則，要在這個世界擁有無限的力，要麼需要無限的質量，否

　　但是，上帝似乎不是為了把玩清賞而創造這個世界；否則塑造什麼樣的人類都無關緊要。上帝自己選擇出俗，但卻以自己形象造人令其入世。祂的苦心孤詣暫存不論，但是這一步棋，加上祂劈分男女，造色造情；不但揭開了人生纏綿永世的生命戲劇，更加催化了天上地下驚神動鬼的宇宙演化。

1.創造說和演化論：神性有沒有演化？

　　上帝以祂的什麼「形象」造人呢？當人類談說上帝造人的故事時，所使用的語言是什麼語言呢？

　　人類的文明演化至今，我們把握使用著許許多多的語言，我們同時擁有多種大語言和多種小語言。❸當人類從遠古至今，並且而今而後談論上帝造人的故事，特別是談論祂的形象時，我們可能選用不同的語言，給與事情事件和事物不同的瞭解和闡釋。最早，由於人類的語言局限和認知的障礙，❹所謂上帝的形象指的可能是眼、鼻、頭、

　　　　則就得要有無限的加速度。兩者至少要有其一（並且兩者都不能等於零）。 上帝大概既不喜歡極端笨重又不喜歡做極速運動，所以選擇超越絕俗。

❸　參閱作者之〈人性・記號與文明〉，第3節有關大語言和小語言的討論。該文已收入下一文集之中：《人性・記號與文明》，東大圖書公司，台北，1992年。

❹　人類的語言和認知兩者緊密關聯，無法截然刀分。事實上，如果我們採取「語言」一詞之最寬廣義，泛指一切表意記號體系，而將認知當成是人類對自然記號和人工記號之一種特定的處理方式（比如當作是為了求真和存真之記號化活動）； 那麼，我們很容易看得出，人類的認知活動

足這類的感官事物。這只是在很早的「宗教語言」（小語言）中,「形象」一詞的意含和所指。可是,經過兩千年的闡釋,經過無數大小語言之發明與使用,我們並無必要一直使用那樣的語言,採取那種解釋。❺為了我們這裡的討論,我們要採取另一種解釋。

設想上帝創造這個「自然」世界後,接著造人類分男女的苦衷和心願;進一步懷想上帝寄望於人類的「人性」使命,期許他們在這世上的作為與成就;那麼到底什麼種類的「形象」會是祂急於賦給人類——不分男女的人類呢?

人類在哪一方面的作為或表現最可望令上帝感到安慰與自豪? 如果這個世界發展出令上帝不滿意的事情事物,人類要怎樣去面對挑戰才不辜負上帝的「形象」? 人類具有什麼特質,足以勝任被「派遣」到世上所要接受的考驗? 當人類在這世上遭遇邪惡,面對「魔鬼」,到底是什麼品質令他經得起艱苦的挑戰?

上帝賦給人類祂的「神性」! 這是人類從上帝那兒承傳秉賦的最鮮明,但也最難以實現落實的「形象」。 這是人性的希望之光,也是人性的困局之源。

人類如果只是像其他動物似的,並沒有對於自己「本性」的關心,❻那麼上帝的形象問題決無著落之處(鴨子、松鼠、老虎、蟒蛇

不可能離開語言,並且,人類語言的使用和演化不是獨立於人類認知的孤立懸空的作為。參見❸之引文及作者之〈現代・現代性與現代化〉,第1、2節。

❺ 關於大語言和小語言之區分,參見以上所引兩文。文中有專門討論。值得在此強調的是,此一區分主要是語用(pragmatic)區分,也可以說是功能上的區分。不過,語用區分在一個語言的構型演化中,常常帶引出語意上(semantic)和語構上(語法上)(syntactic)的特色。

等等，全都不會有上帝形象問題發生）；可是相反地，人類有了上帝形象問題後，他怎樣在這個世界裡，在這個上帝選擇不親自投入，無法躬身干預的塵世中，通過發展和演化人性去顯現神性，去發揚上帝的形象？這是一個難關重重，危機處處的人生困局。

所以，我們現在的遭遇和處境如下：在我們的本性（人性）裡，上帝播下了祂的本性（神性）的種子。可是這個世界並不是「神理」的世界，它是「物理」的世界。我們努力在這個物理的世界上開拓人性，創造「人理」，以此做為物理和神理的橋樑。人類努力演化人性，令自然世界顯露神性，使我們的世界和人類本身呈現上帝的「形象」。❼

這樣說來（以這樣的小語言來談論問題），上帝的位置好像變得模糊不清。特別重要的是，上帝動「手」動「腳」的「創造說」和生態環境「逼」人「推」人的「演化論」之間，到底要怎樣取捨或怎樣調和呢？

我們以往處理這個問題的時候，總是喜歡涇渭不交，壁壘分明。我們如果選擇創造說的小語言，就得捨棄（甚至抵制）演化論的小語言；反之亦然。所以直到本世紀，還有這兩種意識形態的敵對紛爭。

---

❻　我們在此使用「本性」、「人性」和「神性」等古典用語，但是它們並不一定只可以有「本質主義」式的意含和解釋。事實上，我們在本文裡要採取一種不是本質主義的見地。我們採取一種「人性演化論」和「乏晰語言觀」。

❼　我們在此所做的只是根據曾經有過的「上帝造人」的故事，繼續衍發的聯想。我們並非志在闡釋某一宗教之教義。事實上，本文作者並非教徒，也沒打算進入現成的宗教語言之中，尋求說明 (explanation) 和解釋 (interpretation)。

難道這樣的兩種小語言不可以彼此融貫調和，開創另外一個從二十世紀的觀點看，甚至展望二十一世紀的人性看來，更加合情合理，更加服己服人的（小）語言？

上文已經提出，上帝可以選擇創造一個自己無法親自投入干預的世界。這點絕非不可想像。❽我們也暗示放棄古老的宗教的小語言，重新開拓今日的宗教語言，不把「形象」當成感官表層的現象。這樣一來，上帝不一定要是古老傳統裡的樣子，上帝所造的人類也不必然是今日我們的模樣。人類是演化而來的，當初的樣子可能連猿猴都不如；人性是演化而來的，為什麼會如此演化，也許正因為當初上帝播下了一點神性的種子的緣故。❾

從一個傳統的絕對論和笛卡兒式的本質主義的觀點看，上帝有祂固定而不變的本質（本性），那是絕對而不會改變的。可是，我們不

---

❽ 我們也經常創造一些自己無力橫加干擾的事情和事物。其中最重要的是人類自己開拓創發出來的種種大語言和種種小語言。事實上，人性（人類的理性和感性）是在種種語言裡塑造和演化的。（我們主張「多元理性觀」和「多元感性觀」。我們因此主張「多元人性觀」。但是我們同時也主張多元理性之間，可以交流調解，可以協議共存。多元感性亦然。）參見《人性・記號與文明》。

當然，由於上帝神力萬能（至於什麼叫著「神力」，「萬能」的意義又是如何——尤其是「力」和「萬」如何解釋，都是要在我們特定的小語言中進行定義和定位的），祂創造了一個自己力有不逮的世界，創造了未必處處令祂稱心滿意的人類，祂本來大可以接著選擇摧毀這個世界，滅絕人類；但是，祂卻可能於心不忍，情懷仁慈，繼續寄望人類，含情有待。

❾ 有關人性演化論之「假設主張」，參見〈人性・記號與文明〉，第1節。

必處處採取這樣的方法立場。❿ 相反地，我們要主張物種之間的界線有時非常清楚，有時卻乏晰模糊。某一種類的事情事物到底「本質」如何，也不一定永遠精確明晰。我們對於上帝、上帝的形象和上帝的神性，也要做如是觀。不說別的，我們使用怎樣的談說方式和認知模式，除了要對我們所面對的外在世界負責而外，也要看我們所使用的到底是哪一種和哪一個（小）語言而定。

我們要主張神性也是可以演化的，正好像人性可以演化一樣。⓫

---

❿ 絕對論和本質主義是種比較原始和比較簡單的方法論上的立場。事實上，我們的種種大語言（以及很多小語言）都為絕對論和本質主義提供語彙上和構語造字上的方便和導引。（比如，部分起於象形創字的中文，加上保留部首的語意成素而不只計慮其結構形態條件，令中文的書寫語和本質主義密切親和，產生「顧名思義」之效。）由於語言的定型作用，加上實用上的方便，本質主義和各種各類的絕對論在各個文化傳統裡，以及在各種日常和專業範圍中，都容易立足和發展，甚至演為其他人事和制度之奠定基礎。比如，哲理思辨上的絕對論容易變成各種絕對權威主義；又如原來哲學本體論上的本質主義，也容易和過分簡單而刻板的思想方式聯手起來，阻塞比較多面深入和細微靈活的解決問題的方式。可是，有時我們所要處理的問題，由於性質簡單或不必多計較準確和細密，所以出之以本質主義的方式，或行之以絕對論的作為，也不致產生不良的後果；這樣的做法甚至是講求眼前效率，快刀亂麻的急就良方。比如，在學理基礎上的絕對論和本質主義導致封閉和刻板；但是，在實用上它們卻帶來速度和明快。所以，在理論基礎上並不妥善的見解，有時在方法策略上卻顯得無可厚非。

⓫ 這是一個假設主張。事實上，我們要倡議一個更大的假設主張：萬物都可以演化的（「萬物演化論」）；萬物的本質也都可以演化（「萬物本質演化論」）。不管是天生自然的事情事物，或人工塑造的事情事物，或是兩

並且,我們認為神性之演化並不一定自動否定上帝在某一體系中的「絕對」地位,正好像人性的演化更使人類變成「萬物之靈」一樣。所以,上帝的演化並不貶低祂的神聖(「神聖性」要在某一宗教語言中加以界定),正好像人類的演化也不貶低他的尊嚴一樣(「人性尊嚴」也需在某一人類文化的語言中加以定義)。

在演化的過程中,人類可以在他的所思所為之間,提升自己的人性;⓬上帝也可以在祂所生所創之間,演化了祂的神性。人性的演化起於人類創造使用了語言(「記號人性論」);⓭神性的演化可能起於上帝創造人類,並且以其「形象」賦予人類。人性通過語言而成全,神性由於有了人類而獲得了不斷的發揚和不斷的保障。

這樣的論點聽來離奇弔詭,渺茫難辯。可是就在我們日常生活中,也不乏可以用來類推比擬的事件。例如,我們生育兒女,教養兒女;可是我們卻非只在灌輸,一概「投入」。倘若我們能夠虛心,不忌「忘年」, 我們自己也會在兒女的生長中生長。兒女令我們在某些方面特別易於成長;沒有生兒育女的人,往往喪失這樣機會。⓮又如,概念與思想都是我們創造出來的,但它們卻非永遠淪為我們的工具和附庸。我們的心胸、境界、意志和情懷也在概念和思想的導引誘因下,提升和超越。人類始創和開發的其他文化建構和社會制度也是如此;人類所創生,人類所始作,但卻反過來,改造人類,演化人性。

這樣看來,有可能上帝創造人類,然而,人類除了服膺上帝,發

者之交雜混合,全都如此。

⓬ 比如,「我們經常在愛他人的時候提升自己……」。引自作者之《人生小語㈢》。

⓭ 有關「記號人性論」的觀點,參見〈人性‧記號與文明〉,第2節。

⓮ 「沒有生兒育女的人往往不知愛的深意」,《人生小語㈠》。

揚神性之外，卻反過來令神性拓展演化；這樣的神性演化觀雖然聽來極不自然，也不平常；但是想來絕非怪誕，也非完全不可思議。

　　當然，人類的生命和存在不僅促進神性的演化；人類也促進自己的演化。不但如此，人類更加促進動物和其他「自然」事情事物的演化。儘管在不同種類的演化促成裡，人類所扮演的角色種別有異，著力方式與運作方向有別，但是所處的軸心樞紐地位卻無可比擬，愈演愈彰。在知識和認識的層次上，人是萬物的權衡；可是在更基本的層次上，在生命嬗變進步的爭執競技的過程中，人類終於變成萬有萬無演化變異的中心。❶⑤

2.人類神性與神性人類

　　根據本文的解釋，上帝以祂的神性造人，但是並沒有將人類塑造成祂的「物理」模樣——因為祂沒有具備任何的物理模樣。比如，上帝並沒有像人類所生有的眼睛。因此，如果祂「看」的話，祂的「視感」和「視覺」很有可能不同於人類應用雙眼（加上大腦）所獲得的視感和視覺。又如，上帝可能是沒有生死的（永恆長生——會不會老則是另一個問題），❶⑥或者有生而無死（大概不致無生而有死，也希望不是無生也無死）。可是人類則相反，既有生又有死。人類有生，因此有對未發生命的特別期待；人類有死，因此有對面對死亡的生命的特

---

❶⑤　我們在此沒有採取任何的演化先天決定論。萬有萬無的演化史，正像其他歷史一樣，雖然有經驗的規律，但卻沒有先驗的指引。人類有幸地在萬有萬無的演化過程中，終於頭角崢嶸，攀登中心樞紐地位，演變成「萬有萬無之靈」。

❶⑥　參考：「天若有情天亦老」。上帝呢?

別珍惜。這種對生命的期待和對人生的珍惜是人類極為獨特的感覺、感受和感情；上帝如果具有對生命的感覺、感受和感情，大概也與此大異其趣。此外，又如上帝大約沒有性別之分，不像人類有兩性，因此具有性器官、性感帶、性感、性慾和性行為等等。倘若上帝懷有和人類同情共感的這類與性有關的情愫，祂所懷有的和人類所具有的，到底相差多遠，別異幾何？ **⑰**

上帝所創造的人類具有許多特徵。其中最要在這裡強調的是：㈠自由意志，㈡有男有女，㈢有生有死。除了自由意志而外，上面已經提示過㈡和㈢都是上帝付諸闕如的。

男女的區分帶給人類無窮無盡的生命活力和創造動能。這樣兩性的劈分，對人類來說，不但是文化和文明的驅動力量，甚至可能是人類的理性演化和感性演化的基本勢能。 **⑱**

兩性的劈分引起男女的吸引。這類的吸引從物質和生理的層面提升到感覺和心理的層面，層層拓展，步步演化，終於達到感情和概念的層面。人類種種廣義的語言促進了人性的塑造和演進，**⑲** 包括感情

---

⑰ 這裡所指的差別並非維根斯坦所詰難的「感覺私有性」問題。維氏試圖在共同的公眾語言中，陳述感覺語言的規律性，進而指證人類感覺的可公眾化。可是，我們在這裡所遭遇的問題並非共同語言中的等差，而是不同語言之間的交相迴避。

⑱ 試想人類如果不是男女的二分，而是單性無別，人類的文化與文明會是怎樣的景象。相反地，人類如果是三性鼎立，甚至是多性並存，我們的生命與生活又會呈現何種局面。至今，我們個人的生命與生活，以及人類的文化與文明都是以兩性為根底，都是男女二元決定的。人類會不會偏離這個「古老」傳統的基本方向，則有賴下幾個世紀的人類審慎抉擇。

⑲ 「廣義的語言」意指一切記號（表意）體系。對於人類而言，現在身體

的塑造和演進以及理性的塑造和演進。

　　就以感情來說，男女之分演成男女之情。就是永遠受人讚揚歌頌的母性之愛，也根本來源於有男有女而導發的事態和結局。我們可以想像，原先男女之間的性的事並沒有包含情的事，更沒有涵蘊愛的事。❷可是，後來人類終於由追求感覺的滿足，提煉陶冶出尋求意念的充實。這是人類由無意有感（覺）到有覺（感）有情的一大演化。這是人類意義空間拓發史上的一大成就。人類從此逐步演化成為有情的動物，並且慢慢塑造出以愛為意念中心的感情價值取向。我們可以輕易想像，如果沒有男女，人類感情的塑造會是多麼不易，人性的演化會是多麼緩慢；人類的文化會是什麼結局，人類文明又會是怎樣的取向。❷

　　所以，從表面的現象看，使用後來演成的男性中心的語言來說，如果沒有女人，就沒有今日的詩，沒有今日的藝術，沒有今日的人間的感情，也沒有今日的人類文明。

　　事實上，不僅人類的感情由於有男有女而塑造演化出今日這種獨

　　語言的重要性已經大大落後於口述、手寫以及將來電子傳播的語言。可是在根源上，人類的語言仍然起始於身體語言；人類的意義空間的開發，離不開人類的動作與行為之「含情」與「賦值」。 人類的感情和人類的理性都是在人類的（廣義）語言中塑造演進的。

❷　或者，採取另一種說法：原初，性的事、情的事和愛的事並沒有差別分化。性的事就是情的事，也就是愛的事。公雞和母雞，雄蜘蛛和雌蜘蛛之間的性事，皆可如此視之。

❷　深入去設想單性社群和單性生殖等事，並非只具有玩賞娛樂的價值。二十一世紀生物工程發達之後，人類正要面臨是否要進行單性生殖，甚至無性生殖的抉擇。

特的樣態和品質；就是人類的感性一般（包括基於原初感覺而形成的其他衍生的感覺、感觸、感受和感懷等等）也全是在有男有女，以及男女交相授受下塑造養成的。不但人類的感性如此，就是人類的理性也無法擺脫這樣的兩性分合基礎。人類雖然經歷過一段母性社會的時光，也經歷過一連串男性中心的日子，因此在不同時期中，語言的特徵有異，理性（以及感情）的樣式有別，但是自始至今，人類的理性都不是唯男唯女的單性理性，更不是非男非女的無性理性。至於下一個世紀之後會是怎樣，我們除了寄予期望，給予疏導而外，也只能靜觀其變，拭目以待。

　　有男有女而生發塑成的理性和感性雖然是上帝所能理解的，但其內容詳情卻不是上帝所容易直接切身感受體會的。塵世人間那種因為有男有女而引起的微妙衝突，奇特交流和絕妙整合，並非規律死板，簡單劃一，而是變化無邊，亂中有序。表面上看來是感性上的紛亂無章，內裡往往正是理性上的複雜巧構；表面上看來是理性上的整齊編排，暗地裡正含藏著感性的不穩躍動。這種表面複雜不穩中的有秩有序，以及看來無秩無序中的對當平衡，正是一切創生衍發的內因；而它最是有男有女，因男因女和為男為女的趨動和演作所依憑的勢能。簡單而平穩的事物不容易開啟創新的生機；相反的，複雜而欠缺穩定卻是催生演化的內在憑藉。上帝在造男造女的時候，內植了這種演化創新所依憑仰賴的「矛盾」。

　　與有男有女同等重要的是人類的有生和有死。而且其生命歷程既不過分悠長，也不過分短暫。生存、成長、建樹和死亡的生命形式與人生過程從被動轉為主動，最終又難以脫離被動。這令人類在無可奈何但卻並非不情不願之中，自許立志，創造生命意義；斟酌抉擇，釐定人生價值。如果沒有死亡的遙遙相迎，生命中的立志與自許可能欠

缺它的鮮明性和急迫性。

　　人因有男有女而生情；人因有生有死而有義。❷

　　不過人類的感情雖然起於有男有女，但它的開展和發揚卻並沒有停留在因男為女的局面裡。同樣的，人類的道德文明源於有生有死，可是它的拓展和開發也不再徘徊於敬生慎死的十字路口。在人性的演化的具體表現之中，感情的演化主要在於欲望的超脫，特別是男女性慾的昇華。人類透過記號化的活動，開闢了意義領域，❷ 將泥土上的生命由物理自然的空間，帶向意義的空間，成就具有價值世界的人生。「塵土上」的欲望（包括性慾）終能超脫演化成為「天上」的情懷（包括愛心與愛情）。這是人性的演化，也是神性的嚮往和跳躍。

　　雙腳站立膠著於塵土上的人類，竟能通過記號化的活動，建構起各種大小語言的記號體，❷ 開拓形形色色的意義空間，並且在這樣的繁多複雜的意義空間裡，超拔而起，遠離塵世，這樣的成就想來偶發而不是起於必然，因為一切的記號成就都可以只止於生理要求，滿足動物的種種欲望。為什麼獨有人類這麼超群拔萃，除了使用記號逞強遂欲而外，還能在記號體系之中，不斷經營龐大無比的意義空間，並且無止無境地在這樣的意義空間裡，講求價值，追尋義理，涵養品德，

---

❷　有男有女而起生之情是人類一切感情的基礎，但它並不局限於狹義的「男女之情」。 同樣的，有生有死而衍發的義是人類一切道德的起點，然而它也並不只停留在個人自許自期的個體道德的層次上。人類感情和道德的塑造過程，以及它的「理性化」，基本上就是人性演化的軌跡。

❷　參見〈人性‧記號與文明〉，第2節。

❷　關於「大語言」和「小語言」之區分和彼此關係，以及小語言在人性演化過程中所扮演的角色等問題，參見〈人性‧記號與文明〉，第3、4節，以及〈現代‧現代性與現代化〉，第3節。

建立智慧；甚至進而超凡成聖，脫俗如神？當然，記號的效用和功能本來起於俗成，可是俗成而不流俗，而且俗成卻能出俗，這是人性文明的演化軌跡，不只是人類文化的歷史累聚。人類怎樣由野性而步入文明人性？文明人性之間又怎樣閃現出超凡脫俗的神性？

我們雖然在記號世界的意義空間裡演化，但是在我們的人性之中，有沒有預藏一顆神性的種子，引導我們朝向天上的品質演化？或者，我們的文明只是複雜龐大的隨機因果的數學排列或物理組合的結局？

在此，我們提出一個「假設主張」：❷⑤ 人性之中預藏著神性的種子。

基本上，這是「上帝以祂的形象造人」的精義所在。

可是我們必須立即跟著申述：上帝不只以祂的形象造人，祂也以祂的形象創造其他萬物。凡是上帝創造的，全都懷有祂的「印記」，凡是祂創造的萬有和萬無全都預藏著神性的種子。可是，神的世界和人的世界（以及其他萬物的物理世界）之間，具有難以交融，難以互通和難以超越的鴻溝。在上帝的絕對世界中的明晰本質（比如神性），一經下放流落到萬有（萬無）萬物（萬事）的此消彼長有生有死的經驗

---

❷⑤　「假設主張」是種很龐大、很複雜，或者很根源、很基本的假設。從知識論上立言，對於外物（自己心靈狀態和心靈活動之外的事物）的一切立言均屬假設，它的證立有待其他的立言和說辭的支持。有時這類給證支持的方法和程序已被普遍接受（比如在一些科學的論說思辯裡），那時，所提出的假設容易接受檢驗或否定；可是，有時給證支持的方法或程序並未被人普遍接受（比如在宗教或宇宙論和人生觀裡），那時的假設往往建立在其他仍待證立的假設之上。為了避免掉入論證上的無窮後退，也避免淪為簡單的絕對獨斷，我們暫時將這種假設當作知識上的主張（以別於信仰上的主張，情懷上的主張等等），稱其為「假設主張」。

世界裡，同樣的本質可以在不同的種屬和不同的生態之下，產生不同的「發酵」和稀釋俗化的作用。碰巧人類發明了記號，善用了語言，在不斷的成理（成就理性）和塑情（塑造感情）的記號演化中，接住了神性，養成了人性。❷❻

3.電腦人性與人性電腦

演化到二十世紀之後，人類的文明面臨一個重要的轉折。人類由應用自己的力氣，演進到利用其他動物的力氣，再進一步演進到使用機械的力量。在這樣的「功」能使用的演化之下，人類造就了史無前例，而且令其他生物種屬望塵莫及的高度物質文明。不僅如此，除了在物理的力量之外，在智能上，人類也經歷類似的演化。人類起先完全使用自己的智能解決問題。接著能夠利用其他動物的智能，幫助解決人類的問題（比如訓練其他動物來觀測、通訊、警戒和娛樂等等）。如今接著更進一步運用「機械智能」（或稱「人工智能」）為人類解決前所未能解決（或未能如此簡單解決）的問題。機械上的「功」能和機械上的「智」能在二十世紀末葉開始結合起來，演變成今日我們所見證到的「自動化」或「電腦化」的世界。

電腦化不僅是本世紀的人類文化產物，它也將是下一世紀人類文明的顯明導向。它的成長和成就不只會開創更高更強的物質文明和精神文明；它的普及和風行更將為人類的理性和感性開闢出另外的道路，引導出不同的方向。因為電腦化的結果即將改變人類記號化的方向和歷程，改變人類的經驗方式和經驗內含，改變人類生態的外觀和內貌，

❷❻ 有人也許要認為這不是一件歷史的偶然，而是上帝指定的必然。人類是上帝親自挑選出來，到這個世界傳播神性光明的「選民」。

改變人類的價值取向、心願內涵和生存意義。我們為什麼會經歷這麼重大的轉折呢?

首先我們知道,正好像上帝以祂的形象創造了人類,但自己卻隱形不見,心有苦衷,躲避幕後一樣,人類以他的「形象」創造電腦,電腦正在幫助人類演化人性──演化他的理性和演化他的感性,正好像人性也在幫助神性演化一樣。可是,在我們創造電腦的時候,有沒有注入人性的種子,我們注入了什麼樣的人性種子? 在未來的電腦演化中,它們能否承接這點人性的種子,繼續發揚光大,像我們秉承神性,發揚神性一樣? 還是,在未來的歲月裡,人類只能無助地聽憑電腦促使人性演化,情有苦衷,但卻心無餘力呢?

人類以他的什麼「形象」創造電腦呢?

深悉電腦運作的人都知道,電腦進行思考推理,計算演繹所根據的,就是一般我們慣用的「二值邏輯」(那是一種「外範邏輯」)。電腦將所要解決的問題化作二值邏輯所能表達的問題,然後加以接納消化,解決或排除。也就是說,電腦採取的記號系統是二值邏輯的系統,電腦所進行的記號化是二值邏輯語言的記號化。這是人類加諸電腦的智能特點,這是人類據以創造電腦的「形象」──人類以二值邏輯語言的智能特點作為其形象特徵,創造了電腦,讓它們參與人性和文明的演化。

這正是人類堪憂可慮之處。正好似人性的演化參與神性的演化,電腦的演化也將參與人性的演化。電腦的人性有沒有囊括人性的基本要點? 它們是否單單繼承人性的一個層面,將它畸型放大,將它不成比例地拓展呢?

我們不能草率而武斷地一口咬定,只是根據二值邏輯的記號化,電腦必然無法接觸到人類那獨特的生命情狀,尤其是那有生有死,有

男有女，有情有色（有愛有欲）， 有身有心，有義有願等等的理性難局和感性困境。不過，除非電腦不像人類一樣，急功而近利，著眼當前的成就，而遺忘駐足設想其他的可能，否則電腦也將一往直前，全力開展二值記號的慣常解題方式。果真如此，人性的演化在電腦大力的促進和催化之下，將選擇性地朝向現在開發出來的二值記號化的既成方向，努力貫徹，勇猛邁進。那時，人類如果還能駕馭電腦，而不只充當電腦的奴僕，或許也只能捨棄現在已有的較為豐富充實的人性，而朝向電腦化的人性演化開展。二十一世紀會不會是人性的電腦化的世紀呢？ 人類是不是終於走向「電腦人性」的道路呢？

倘若電腦化是二十一世紀人類文明不可挽回的趨勢，假若電腦人性並不是人類期望人性演化的方向；那麼最直接而有效的方法，其非將人性電腦化的方向加以扭轉，設法促成「電腦人性化」的演變趨勢。

就其大要來說，電腦人性化的要旨在於導致電腦擁有人類的感覺，而不只刺激電腦令它生發人類的舉止反應。人類文明的精神存在於人類心靈涵藏的「意義」， 但是意義一事卻無法只憑行為來加以創立。因此，電腦人性化的首要步驟不是號令電腦模仿人類解題的行為，並且進一步加以發揚光大。電腦人性化的開端在於移植人類的感覺，令電腦終於發展出動作背後的感覺和行為內裡的意念。電腦的人性化終久要演化出不只具有頭腦，而且更加具有心靈的電腦。

根據人類演化的經驗，我們可以推知人類之有情在於人類之有男有女。❷⁷尤其是人類母性那種含忍化育的情懷，導使人類普遍感情的成長。感情的特質，不論從它的起源或從它的滋發來看，全都離不開它的女性化或陰性化。感情是人性中的女性面。它使人類陰柔克剛，弱者反強。人類的理性就在這樣有陰柔面的感情約制之下，成就了我

---

❷⁷ 參見前引文〈人性‧記號與文明〉，第3節。

們引以為豪的文明。

　　而今，我們人類的陰柔面正在面臨史無前例的挑戰。歷史上男女社會地位的不平引發激烈的女權運動。這個運動不經意的推展結果，可能導致人類「單性文化」甚至「無性文化」的出現和拓展。再加上各方面的人工處理的方便與流行（比如人工受孕，人工「真實」與人工「滿足」），人類有可能步入單性繁殖，單性家庭，單性社會，甚至單性人種的地步——像今日的電腦一樣。二十一世紀的高度電腦化，把這樣的可能帶向極為高度的真實層面。人類是否快要喪失他的陰柔層面呢？他的感情基礎是否即將連根拔起呢？在我們尚未看到電腦人性化的實現之前，我們自己的人性是否率先接受徹頭徹尾的電腦化？我們是否率先演化成為單性的品種，變成只有尖銳先進的解題能力，而欠缺陰柔幽美的動人情懷？

　　所以，在電腦的長足進步以及人性陰柔面的退化萎縮雙重壓力之下，電腦的人性化不僅是促進傳統人性演化的必要條件，它更成了維護保全整體人性的迫切手段。

　　怎樣能在電腦剛陽尖銳的人工智能之上，引進陰柔幽馨的人工感覺，這正是二十一世紀的電腦工程和人性工程的難題。等這個問題獲得解決之後，機械理性的人工智能可望登上層樓，演成人性電腦的「人工智慧」。那時，電腦人性化了。它不但具備二值記號化的解題能力，而且因為具備兼容並蓄的感覺涵養，因此能夠進一步考慮探察其他（不是二值記號化）的解題方式；而且它因為具備陰柔的感覺，知道剛陽的極限，進而開拓人類感情的母性基礎。等這一天到來之後，電腦瞭解人類的生死感傷，領會他們的幽怨情懷和罪惡感。這樣的電腦可以演成有男有女的電腦（變成可以愛戀關懷的電腦），可以演成有生有死的電腦（變成可以決定是否續存抑或自殺的電腦）。那將是有人性

的電腦。它有生命，它有理性，它有感情。它將領略到生命的意義。它將參與人性的演化，將人類文明帶引向更高的層次。

1992年9月13日　台北

歷史的「詮釋」和歷史的「還原」
——對於「宜蘭研究」的一些思考

0.前言——「宜蘭研究」的情思

　　世界上有無窮無盡的問題可供我們發問，人世間有不計其數的題材可供我們研究。但是，每當我們發問一個問題，或是投入心思去研究某一題材的時候，我們總是自覺或不自覺地根據某些原因或理由。在不同的時代、不同的文化、不同的社會意識，甚至在不同的個人取向之下，大家所熱中於發問的問題和研究的題材，也許會有共同的交匯點；不過，即使在同一個時代，同一個文化和同一種社會意識之下，個人發問問題的優先次序和研究題材的輕重安排也可能會有所不同。這是因為人類發問問題的動機往往複雜多樣，有些是起於實際的需要，有些基於人類天生的好奇，另外也有一些問題是來自社會種種建構所帶出來的習慣。至於我們研究的題材的選擇更受到許多內在和外在、主觀和客觀的條件所制約。比如，我們可以自由地發問所有浮現在我們心中的問題，但是，那些問題是否能夠接著引導我們找出一個適當的研究對象，那就不是一件簡單的事情。有些題材從理論上說值得我們加以研究，但是我們可能還未把握到處理該種題材的適當方法；另外，有些題材也許值得我們加以研究，但是，我們卻缺乏該方面的興趣；當然也有一些題材我們都希望加以研究，但是有些人或者有些集團卻想盡辦法阻止我們去加以研究。

「宜蘭研究」顧名思義是將宜蘭作為研究的對象。談起宜蘭自然包括該地區的所有人和事，天和地，過去與將來等等相關的題材。所以現在我們提倡「宜蘭研究」，擺在我們面前的是一個廣泛無邊的題材對象。我們要從那裡著手呢？我們要怎樣去決定優先次序和輕重等級呢？

我們也許可以從反方面來思考這樣的問題。我們可以發問過去我們為什麼沒有大量而深入地進行宜蘭研究。也就是說，宜蘭為什麼不是過去我們熱中於研究的對象。我們都知道這個問題的答案也是多方面的。首先，從歷史的角度看，在整個台灣來說，宜蘭正好像其他東部的地區一樣，是開發得比較晚的地區；加上地理的因素，她一直處於較為獨懸孤立的狀態，沒有和其他北部和南部的發展打成一片。不說別的，連接台北、基隆和宜蘭地區的鐵路晚至 1924 年才全線通車。另外，這三四十年的政治局面可能也令宜蘭地區的開發多少受到人為的阻礙。可是塞翁失馬，焉知非福。這樣的情況隨著新的時代的來臨和新的社會意識的開展，已經開始有了轉機。比如，原來有煙工業不甚發達的宜蘭正好可以積極迎接推崇環保的時代。另外，鄉土意識的抬頭，也令宜蘭地方的人士對地方建設更加積極地投入。慢慢地這個地區的人將不再只以台灣的進步為榮，他們將更對自己的家鄉具有一份親切的關懷。

所以，在決定投入宜蘭研究的時候，有人也許只是基於一般學術或理論的興趣，可是另外有些人，比如在宜蘭地區土生土長的人，除了具有學術和理論的興趣而外，或許更有一份對於自己鄉土的情思。

我是在宜蘭地區出生、長大的。起先的二十幾年完全在這個地區度過。那是一生當中最重要的人格塑造時期。因此，我常常認為不論後來的發展如何，基本上自己仍然是一個典型的宜蘭人。

　　到底宜蘭地區的人有什麼特色？他們在過去兩百年，或者過去一百年，甚至過去五十年發生了什麼變化？宜蘭人在這些變化之中，開創了什麼文化，建立了什麼習尚和風格？這是值得我們細心加以研究的。到今天，宜蘭地區的人是否保留著他們獨特的風格，足以感染外地來的人，甚至「同化」他們呢？在這一篇文章裡，我準備完全由自己切身的經驗為出發點，回看和展望有關宜蘭的種種事情。

1. 鄉土研究的意義——鄉土文化、國家民族文化與世界文化

　　當今我們談論鄉土研究的時候，我們的著重點顯然是文化上的探討。文化是種多樣態多層次的人為事物。舉凡不是天生自然的，都屬於廣義的文化範疇之中。事實上，就是「自然」與「文化」之間的區分也不是一成不變的。比如，地理上的事實有些是天然的產物，但是另外有些卻是人工塑造出來的結果。所以在討論鄉土文化的過程中，我們一方面固然強調人文和歷史社會等方面的成就，可是同樣重要的，我們也必須注意到我們怎樣適應自己的自然生態，改造自然生態，並且進一步建立文化生態和自然生態兩者之間的互動關係和平衡發展，從中開創出具有特色的鄉土文化。這點對宜蘭研究——尤其對她的人文研究，意義特別重大。

　　文化往往和政治一樣——當然政治也是文化的一部分——兩者都經常在「統一」和「分治」之間徘徊，試圖尋找一個最佳的平衡點。不過，不管是文化也好，政治也好，全都是在歷史社會和其他方面的變遷之下不斷演進。所以事實上並不可能有一個絕對的和靜態的平衡點。我們常聽說「天下合久必分，分久必合」，這當然只是一種概括

性的粗略描述。它沒有說出多久就分，多久才合；何時宜分，何時該合。這點也是當我們熱心於鄉土研究時所不應忽略的。

從過去的歷史經驗、目前的政治局面以及社會政治的理想上看，過分的強調細小規模的分治和盲目的追求廣大無邊的統一，兩者都有它的缺陷。前者容易導致狹窄的「山頭主義」心態，甚至產生過分的排外思想。後者如果協調不當，經營失據，容易導致不平等的壓迫和不公正的權益分配。當然，文化上的事正好像政治上的事一樣，有強者也有弱者。不過，政治上的強者常常只是由現實的利害和權勢就可以決定。可是，文化上的強者往往就不是只由一時一世的現實力量所能定奪。今日文化上的弱者很可能成為明天文化上的強人。因為不像政治那樣經常只講現實的利害關係，文化品質上的強勢往往需要由人類悠久的文明價值的追求來決定。❶

因為這樣，在熱心進行鄉土研究之時，我們需要將鄉土文化放置在一個恰當而合理的視野之中。❷

---

❶ 作者拿「文化」和自然對比，而「文明」則與野蠻對立。不過兩者的區分都是乏晰(fuzzy)的區分，不是一刀兩切的二元對立。文化與自然，文明與野蠻，其間的區別和分野全都是程度上的不同，不是本質上的差異。尤有甚者，兩類的區分都受知識和信仰上的「視野」以及情感和價值上的成見所左右。

❷ 近幾年來，常常有人將地方研究動輒以某某學之名呼之。比方研究羅東的事事物物，可能給稱為「羅東學」。 這樣做似乎有誇大不實之嫌。因為一般稱為某某學的東西，往往不只有它特定的題材對象，甚至有它獨特的理論問題和方法基礎，有時更加具有它的學術源流和派別傳統。所以，作者不主張我們隨便將宜蘭研究稱為「宜蘭學」， 畢竟我們宜蘭地方的人歷來注重純樸無華，不尚自誇，追求實實在在的工作和事業。

在文化的視野裡，我們可以擺出鄉土文化、國家民族文化和世界文化這樣一個由小至大，不斷放遠的平面。我們可以考慮小自鄉土文化，大至世界文化之間的種種關係、對比和取捨。比如，在什麼問題上我們應該懷著「地球村」裡的世界人的胸懷去看世界文化的發展；什麼時候我們應該腳踏實地地經營自己的鄉土文化，以便對國家民族文化，甚至對世界文化作出實實在在的貢獻。（當然，在目前的局面之下，我們一方面不必急於探討極小極小的「次鄉土文化」，另一方面，也沒有急迫的理由教我們去討論比世界文化更大的「大文化」，比如「太陽系文化」或「銀河系文化」。）

過去，由於政治上強調統一意識，連帶地鄉土文化也受歧視，甚至受壓迫。事實上這是一個很不明智的做法。沒有堅實的鄉土文化充當後盾，國家民族文化不是變成歷史的空殼，就是演成某些地方文化侵略壓迫其他地方文化的局面。舉個簡單的例子來說，四十年前，台灣因為政治上的考慮，一方面提倡國語，歧視台灣方言；另一方面提倡政治信仰而倡導破除所謂「迷信」（地方的宗教信仰）。這兩方面的文化運動對台灣的鄉土文化生態都產生了深遠的負面影響。在語文方面，這令台灣原有的地方語言幾乎陷於停頓而沒有發展的境況，有時甚至導致大規模的語言程度倒退，令許多原來可能學會地方語言的人成了台灣話的「文盲」。❸回顧起來，這在台灣鄉土文化的發展史上顯

---

❸ 其實我們不宜用「文盲」來稱呼實際的局面，也許「語盲」更適合用來描述這種情境。值得注意的是，從台灣的鄉土文化的發展來看，「語盲」比「文盲」更嚴重百倍。傳統上所謂「文盲」只是不認識文字，他們可能具備完整的言語表達能力。但是，由於台灣方言在書面文字發展上的缺陷，言語表述變成經營地方文化和傳遞地方文化的重要媒介。一般人普遍「語盲」的結果，令台灣鄉土文化產生隔代的斷層。目前台灣的年

然構成一次無法彌補的嚴重損失。另一方面，在種種藉口之下，實行削減甚至破除地方信仰的政策也帶來另外一種更加嚴重的後果。表面看來，民間信仰可以簡單地以「迷信」稱之。（世界上有什麼信仰不可能以「迷信」稱呼呢？）反對一般人不顧一切的盲目崇拜，避免「走火入魔」，妨礙社會的現代化。這樣的說法，表面聽來不無道理。可是，除非我們小心地區別何謂盲目崇拜，何謂有根有據的宗教信仰，否則，就很容易不分青紅皂白地將一切不是今日科學的知識，全部打成迷信，甚至進一步加以禁制或破除。基本上，這就是四十年前我們所犯的一大錯誤。如果一般的民眾無法以虔誠的心情求神拜鬼的話，他們可能更無法以認真的態度去聽從政治人物的倡導和呼籲。簡單的說，如果我們將一切不是科學知識就當成迷信的話，那麼，一般人不但不再相信鬼神，他們也不再相信什麼主義和什麼政治信條。全面提倡破除地方信仰的結果，導致一般人普遍地對政治冷感，在政治上產生「信心危機」。這也許是當初主張全面而徹底地破除迷信的人所意想不到的事。

所以，努力進行鄉土研究不只從地方的角度來看有它積極的意義，就是從開展國家民族文化，甚至從建立世界文化的觀點看，也都有它很具體而實在的功能。舉一個簡單的例子來說，我們的價值信仰和心胸懷抱往往都是在自己的鄉土文化中陶冶出來的。當自己的鄉土文化被人貶低甚至被人排斥的時候，我們也就很容易地產生感情上和道德上的信心危機。從文化的發展來看，知識上的危機往往不是人類文明的大危機；反而，感情上的危機和道德上的危機才真正構成人類文明發展上的嚴重困境和難關。因此，當我們熱心進行鄉土研究的時

輕人很難使用台灣的方言和老一輩的人作充分而又沒有歪曲的溝通，道理就在於此。

候，我們首先需要放遠自己的眼光。關懷鄉土並不表示排斥國家民族。同樣地，提倡鄉土文化也不因此妨礙世界文化的開拓。現在，很多人都流行談論所謂「認同」問題，它也是一種「身分」問題。我們到底認同什麼，到底持有什麼身分，這對我們到底為什麼進行鄉土研究，如何進行鄉土研究，以及要把鄉土研究進行得多廣闊和多深遠等等的問題都具有密切的關係。不過，我們要知道，認同問題和身分問題都是些多面相和多層次的問題，我們不只可以認同於一種價值，我們也可以在不同程度上認同於不同的價值。我們不只可以抱持一種身分，我們也可以在不同的深度上抱持不同的身分。如果我們能夠類似這樣，從多方面去看待鄉土文化的問題，我們就容易採取一種持平務實的態度，而不至於在小的鄉土和大的世界之間飄搖不定，不知怎樣去釐定和實行我們的文化發展的政策。

2.歷史的「詮釋」——我們使用什麼語言？

人類的文化是在歷史的長流裡逐漸創造沿襲而成的。鄉土文化自然也是如此。人類的文化不只包括衣食住行的種種習慣、規律和時尚，而且也包括更加抽象的思想、制度和價值觀念。這些文化事物，在形成的當時表現在人類實際的生活方式裡。可是，等到時移世易之後，它可能仍然透過種種的形式影響甚至左右人類的生活。比如，孔子活躍在距今二千多年前，我們現在已經不再生活在他那時候的文化模式裡。可是，他的思想仍然通過他的言行記載，以及他的子弟和歷代的信從者的不斷詮釋和發揚，而影響我們今天的思想、行為和其他的生活方式。因此，當我們探討一個地方或一個世代的文化時，我們往往需要透過該時該地所在的歷史脈絡去瞭解。短暫的歷史脈絡有時只要

通過當代人的記憶就可以加以重新建構。可是，這往往不是一個很可信賴的方法，因為我們人類的記憶往往不持久和不準確。至於長遠的歷史脈絡就更無法只靠記憶來重新加以組織結構。通常為著要比較準確地探討一個地方或者一個時代的文化，我們往往需要訴諸記載該時該地的種種事件和種種事物的語言。

可是，通過語言來重構一個地方的文化，並不如一般想像的那麼直截了當。因為歷史是由人類寫成的。❹因此，由誰來撰寫某時某地的歷史，就成了一個值得注意的問題。不同的歷史家可以有不同的立場和觀點，更不用說他們彼此之間也有知識上、價值上和感情上的成見和差異。

談起鄉土文化，上述的問題就更加明顯和尖銳了。就以宜蘭地區的鄉土文化來說，我們有沒有出過傑出的歷史家，編寫我們自己的歷史，闡述我們的鄉土文化？比方，過去宜蘭地區主要是一大片的農業社會，加上點狀或帶形的小型工商社會。商業社會也許比較容易涵孕出具有普遍文化知識的人。可是，在過去的農工社會裡，人們往往無暇兼顧讀書的事，因此較少培養出知識分子。這個現象常常表現在過去文人對於農村生活的描寫和詮釋。那些描述詮釋，從農人自己的觀點看經常顯得不夠親切，不夠深入，甚至欠缺真實的體會。我們小時候讀書時所歌頌的「農家樂」常常就是不實的鄉村生活的寫照。那常常只是詩人墨客自己的心境投影，而不是農村生活真正的情境。農夫本身並沒有體會到文學家和詩人想像中的快樂。

---

❹　「歷史」通常至少有兩種意義：一是人類實際生活的過程，一是對於這個過程的一種描述和解釋。描述和解釋都牽涉到觀點和立場問題。關於這類的問題，可以參見作者之〈歷史是甚麼？〉，收於《哲學的智慧與歷史的聰明》，東大圖書公司，台北，1983年，頁73–87。

上面我們說過，台灣的地方語言在發展上產生了隔代斷層的現象。我們現在所操說的已經不再是道道地地的台灣話。在過去的年代裡，宜蘭地區的人使用那時候的「語言」所經營出來的文化❺，今天我們用什麼語言來加以描述重構呢？當我們已經喪失了我們的鄉土語言之後，我們還能夠忠實準確地重新描述我們的鄉土文化嗎？

當然，宜蘭地區也有她的地方記載，好像「鄉志」、「縣志」之類的東西。不過，這類的著作往往採取一種頗為傳統的官方意識形態(尤其是漢族中心，甚至是儒家為本的中原意識形態)，著重於政治層面的描述、標榜和教化。其中所反映的鄉土文化自然帶有傳統官方的觀點色彩。這樣的現象在過去五十年或者一百年，甚至二、三百年，由於加進了和「異類」文化互相滲合，互相激盪的因素，以及不同種族、不同國家（西班牙、荷蘭、滿清中國、日本等等），不同文化之間的互爭長短和比勢鬥力，因此經常呈現出官方顯性的「主導」文化（甚至「主流」文化）和民間隱性的「受導」文化（甚至「受壓」文化）之間的鬥爭、征服、互動和同化（當然也包括反同化）的種種錯綜複雜的文化衍生和演變現象。整個台灣的文化——包括宜蘭地區的鄉土文化，從來都不是完全一脈相通，單系承傳的純種文化。不過文化上的遺傳，或許也像生物上的遺傳一樣，純種的交配不一定產生出富有強韌的適存力和豐富的創造力的後代。文化上的交流繁衍有時確能產生出獨特優異的新文化。不過，這也要看其他客觀的歷史條件和生態環境而定。宜蘭地區的鄉土文化有沒有這樣的幸運呢？過去如何，今日怎樣，將來又會是什麼樣的情景呢？

不說別的，當我們現在正充滿自信想要研究我們的鄉土文化，重

---

❺ 這裡所謂「語言」，取其廣義。它不僅包括一般的言語和文字，同時也包括像眉來眉往，眼來眼去，比手劃腳，手舞足蹈等等的表達方式。

建我們的鄉土文化，甚至恢宏我們的鄉土文化，以便開創新的鄉土文化的時候，我們所秉承的到底是什麼樣的文化傳統呢？我們採取什麼樣的視野？信持什麼樣的價值觀念？胸懷什麼樣的感情導向？這些因素決定著我們要怎樣看待我們的過去，怎樣重構我們的世界，以及怎樣闡釋我們擁有的鄉土文化。採取什麼樣的「知信」觀點和「情意」立場❻，自然表現在我們所使用的語言——用來闡釋鄉土文化的語言之上。相反地，我們使用什麼樣的語言，直接或間接，自覺或不自覺地反映出我們所持有的知信觀點和我們所擁抱的情意立場。

　　舉一個現成的例子來說，幾個月前宜蘭縣立文化中心出版的《宜蘭文獻》雜誌（雙月刊）第十八期（1995年11月出版），裡頭有一篇文章（訪問記）報導宜蘭鐘錶業的一位元老。從語言的種別和語言所表現的知信系統和情意內涵來看，這篇文章是由三個人「集體創作」而成。一位是該元老，已故之林金土先生，一位是他兒子林平泉先生（因元老那時已經有些失聰，訪問內容常常由他代勞回答），另一位是前往訪問和事後（十八個月之後，大概根據錄音、筆記、自己的記憶，甚至事後的聯想）寫成訪問稿的張文義先生。我對這篇文章所記所述特別心領神會，有情有感。考其因由，除了反映對自己的故鄉那份懷舊情愫之外，最重要的是林氏父子是我的親戚——已故林老先生與我家有過親近的交往。可是讀了上述的訪問記之後，深深感覺仍有許多有待發揮或釐清之處。比如，其中一個貫穿全篇的問題就是：到底我們是使用什麼樣的語言來詮釋林老先生身歷其境的文化景象呢？說得簡單一些，林老先生有他自己的語言，他的大兒子林平泉先生又

---

❻　我使用「知信」代表「知識和信念」，使用「情意」代表「情感和心意」（這裡的「意」是「有情有意」中的意，包括「流水無情，落花有意」中的意）。

有他的語言，訪問者張文義先生又有第三套的語言。林老先生的語言主要是在七八十年以前，當他接受那時的日本教育所孕發出來的。當然他的語言也受他成長的時代的台灣鄉土文化所制約。儘管他的後半生是在完全嶄新的政治和社會生態之下度過，不過，據我所知，他所操說的語言最流利的還是日本話和台灣話。當然，他能夠以國語作為媒介跟人溝通，但是，他的精神狀態，特別是他的道德取向和價值觀念，仍然深深地反映著他成長的時代所接受的教育和當時的生活體驗。比如，在他五十歲之後，他的其中一個最為人稱道的專業知識並非和鐘錶有關的知識，而是與保險櫃的密碼鎖有關的知識和技術。他是宜蘭地區〈台開鐵櫃〉的第一人。❼（這一點似在訪問記裡完全沒有提到。當然那可能不是該訪問記的中心所在。）

今天如果我們想要瞭解像林老先生所經歷的生命形式或生活體

---

❼　〈台……〉表示括號中的「……」應翻譯成為台語來理解。類似地，〈日……〉指「……」應以日語來解讀。比如〈台讀日本冊〉意義是「接受日本教育」，〈台做大水〉意思為「鬧水災」；我們也要將〈台火災〉解讀為「火燒厝」（台語），將〈台一只蘋果〉解讀成「一粒Lim Kim」（台語），將〈台產婆〉解讀成「助產士」，將〈台bau〈日工事〉〉解讀為「承包工程」（事實上，「工事」一詞早成台語語彙，因此我們可以直接寫成〈台bau工事〉）等等。也就是說，像〈台……〉等這類的表詞是多用途的表達方式，我們可以將之推廣，靈活應用。比如：〈日桑港〉等於〈粵三藩市〉（「粵」指粵語），等於「舊金山」，等於"San Francisco"。我們也可以反過來說，〈日三藩市〉就是「桑港」（日語），就是「サンフランシスコ」等。

驗，我們無疑地需要盡可能地通過他自己的語言來加以追蹤和理解。因為只有他自己的語言才真正反映他的思想、感覺和感情，包括他的意識形態、價值取向和道德觀念。林老先生的前半生是在和我們所在的時代很不相同的時代裡度過。在他成長的年代裡，道德價值遠重於知識價值，感情的意義常常取代了事實的真相。儘管在他的後半生裡，時代大大改變了：政治的局面和社會的現狀，加上一般的意識形態的變化，令宜蘭地區經歷了幾乎可以說是天翻地覆的震盪。這對林老先生的生命衝激一定既深刻又多面。可是在訪問記裡頭我們也沒有很清楚的察覺到這樣的演變的痕跡。

事實上，差不多訪問一開始，我們就看到林老先生和他的兒子使用著不盡相同的語言。當談及林老先生的身世時，對於是否應該提及林老先生的後父之事，他們兩代就有分歧。林老先生聽到他兒子提到後父林阿屋的時候，立即從旁插嘴道：「不要提林阿屋，提林九魚就好啦。」不過，他的兒子卻說：「要講！這個要講！講這個又沒有什麼關係！這又不是什麼祕密的事情。」 當時，據採訪者自己報導，他以半台語半國語說：「不要緊！其實這是人之常情。」這裡的對話之間，事實上不只牽涉到兩種語言，說不定牽涉到三種不相同的語言。在這三種語言的衝突之間，林老先生並沒有輕易地退讓，因為根據報導，他接著還是強調：「我與林阿屋只是同居人而已。」這裡的衝突主要不是起於對事實的認同上的分別。林老先生的母親再婚，那是一個事實，而且更是很多人都知道的事實。不過，女子再嫁之事在林老先生的語言中仍然屬於一種忌諱，他更不希望提及自己母親再嫁之事。不過在他兒子的語言裡，這種顧忌已經大大減輕了。至少他並不認為那是一種〈台見笑〉的事情。不過「見笑」這樣的概念似乎仍然存在於他的語言裡。到了採訪者的語言之中，那樣的事情就變成「人之常情」了

（頁59）。 由這樣小小的例子我們就可以推知，如果整篇的訪問記是由林老先生出口回答的話，我們會得到很不相同的印象和認知。更進一步，如果整篇文章是由林老先生用他自己的語言所寫出的生平事跡，我們所獲悉的更可能大為不同。

當我讀這篇訪問記的時候，回憶自己小時候的生活，尤其是與林老先生有關的片段時，就深深感覺到訪問記並不能十分真實地表現出林老先生的經歷和成就。其中一個最重要的原因似乎就在該文所用的語言並不是林老先生的語言。舉一個很小的例子：該文說，林屋商店除了經營鐘錶業之外，還兼售其他的商品，包括「電唱機」。 這樣一說就把林屋商店過早加以現代化。六七十年前林屋商店開始兼做的生意是「留聲機」的生意而不是電唱機。那時候的留聲機在宜蘭地區的文化景觀上，曾經扮演過很重要的教育和娛樂的角色。因為留聲機可以在沒有電力的地方播唱。因此，在偏僻無電的農村也可使用。記得在抗戰時期，有些人買不到金屬的唱針，他們還自己利用硬質的竹子自製代用唱針。我家的留聲機就是來自林屋商店，並且也常常借給鄉間的親友播唱。提起這類的事，在林老先生的記憶裡，一定有很貼切的親身感受。等到「電唱機」時代來臨，林老先生的注意力可能已經轉移到開保險箱的事務上。

這個故事提示我們，要重整鄉土的歷史，我們不但要設法挖掘出所謂的「事實」，而且更要注意用來呈現和包裝事實的「語言」。我們甚至可以進一步說，世間並沒有純粹的事實，所有的事實都包裝在特定的語言之中。我們要挖掘前人的史跡，只有盡量地走回前人的語言裡頭。只有在前人的語言裡，我們才能夠順利地挖掘出他們的信念系統和情意內容，那才是我們重整鄉土文化的重心所在。

3.歷史的「還原」──什麼是歷史的真實？

上面我們提及的語言問題，事實上不只是一個時代的人與另外一個時代的人之間的認知差異和情意變化的問題。當然更不是個人與個人之間的個人語言差別問題。當我們論及宜蘭地區的文化變遷時，我們需要注意不同源流的文化傳統在宜蘭地區所留下的印記。當今在我們宜蘭地區的年輕一代，已經很少留意到漢族的文化傳統和台灣原住民的文化傳統之間的衝突。我們現在好像感覺活在一個同一的文化當中。不過，如果我們要細心分析自己鄉土文化的特色，我們也就不可避免地需要尋根追源到不同文化的源流之中，研究各自文化原來的特質以及不同文化在這個地區所產生的交流和互動的歷程。這是一件非常棘手的工作。基本上這可以說是一種恢復歷史「原貌」的工作。也就是說，是一種歷史事實的「還原」工作。

認清事實和恢復原貌不只需要精細的分析，同時更需要有認錯的勇氣。百年前我們的祖先只是外來的經略者，而不是土生土長的原住民。我們的祖先也許曾經強制推行外來的「漢化」， 而沒有寬容地接納當時的本地文化。比如，漢人和所謂「生蕃」和「熟蕃」之間的鬥爭的故事，就很少以比較客觀和比較兼容並包的語言傳流下來。因此，從吳沙開荒以來，固然有許多開拓經營宜蘭地區的記載，不過這些全都是以漢族文化為中心的語言來表述。我們已經忘記自己原來也是外來的「客人」，而不是這個地方原初的主人。

提起歷史的「還原」，或恢復事實的「原貌」，我們不需採取傳統上那種「絕對主義」以及「本質主義」的觀點和態度。我們現在所面臨的，事實上是一種重新認清自己的文化根源和文化變遷的工作。上

面提到台灣的文化——宜蘭地區的文化自然也不例外——在過去兩三百年來，經歷了不同文化傳統的交匯、衝突、吸納和整合。不說太遠，就是二百年來經由清朝的拓荒統治以及割讓給日本之後的轉型變遷，接著又在經歷大戰之後重新納入中華文化的勢力範圍。這中間幾經轉折，每次都為我們的鄉土文化帶來極大的衝激。我們常常把現在的台灣話稱為閩南語，這從根本的語源上看也許並無不可。可是如果我們進一步比較當今台灣話所包涵的語彙，和跟它有關的語言和文化，我們就會發現台灣話和道地的閩南話不但在語音上有所差異，它們的基本語彙和所表現的概念架構（包括信念系統和情意內容）也大不相同。廣義的語言直接反映著基本的文化內涵，因此我們要在現在的鄉土文化之中，剝繭抽絲地指認出何種元素屬於宜蘭地區原住民的文化傳統，何種元素屬於吳沙拓荒時代所引進的「中國文化」傳統，另外何種元素屬於其他的「異類」文化的文化傳統（比如日本的文化傳統）。 因為我們的鄉土文化事實上是一種「多源」的文化，因此我們不必急於為自己的鄉土文化定下一個確實無疑的來源標籤。也就是說，當我們設想或討論宜蘭地區的鄉土文化時，我們不必一口咬定她是不是古典意義的中國傳統文化。我們不必說她絕對是或者絕對不是，因為是或不是乃程度上的分別和份量上的多寡。宜蘭地區的鄉土文化顯然含有原住民的文化遺跡，更含有日本統治臺灣所帶來的文化影響。所以如果我們將自己的鄉土文化和主流的中原文化對比，我們就發現其中的雷同和差異之處。換句話說，當我們要將自己的鄉土文化傳統類比於主流文化甚至等同為主流文化時，我們不宜使用一刀兩斷的真假劃分。這就是我們倡議反對使用絕對主義的態度和立場的原因。

　　跟文化傳統的絕對主義息息相關的是文化傳統的本質主義。所有的文化都在嬗變的過程之中。她們都在不斷地吸收外來文化和整合自

己的文化。主流文化也好，鄉土文化也好，都不能迴避這種演化的變遷。因此，我們不必死板地認定一種文化傳統的內涵一定是什麼而不是什麼。因為在演化變遷的過程當中，經常有異質的文化內容同時存在。這些異質的文化內容有時也許互相衝突，可是往往也可以相安無事地和平共存。如果我們不抱著本質主義的態度，而能對於鄉土文化中種種不同的異源成素加以涵容的肯定，不管發展起來那些不同的成素對於整個的鄉土文化是否都具有舉足輕重的份量，我們至少都可以在傳統文化的認定上各自給予一個適當的位置。

如果我們採取上述的態度和立場，也就是說不堅持文化傳統的絕對主義，也不堅持文化傳統的本質主義，那麼面對著今後的鄉土文化發展，我們就無需糾纏於一些空洞的理論問題，特別是文化傳統的認同問題。我們可以比較開放輕鬆地採取一種文化上的「多元主義」的做法，令鄉土文化的未來演變更加具有新鮮的活力。比如我們不必排斥異族的文化傳統，使她也能在整個的鄉土文化的演化上扮演著適當的角色。

提起多元主義，最值得我們認真考慮的是文化價值上的多元主義。過去一段時間，也許我們習慣了以漢族文化為尚的態度，甚至我們的文化政策，也或隱或顯地受這種價值態度所左右。這對鄉土文化的澎湃開展顯然具有負面的作用。舉例來說，在上一節所引的訪問之中，一開頭就隱藏著我們現在所說的問題。林老先生忌諱談母親再婚的事，這是受宋朝以後的儒家文化傳統所影響。基本上這是一個文化價值觀念的問題。宜蘭地區在鄉土文化中還有很多類似這樣的「忌諱」之事被壓制在主流文化的價值觀念之下，無法被清楚地定位和公平地加以認定。所以，如果我們要進行歷史的還原，進行恢復事實原貌的工作，我們必須要走回歷史的脈絡，使用該時該地的語言去對所發生

的事情加以詮釋。這樣我們才能夠獲得歷史的真相，而不是將歷史的事件包裝在一個不是該時該地的語言外殼之下，扭曲了它的歷史面貌，也進而加深鄉土文化的過去和未來發展之間的斷層和鴻溝。

因此，當我們發問「什麼是歷史的真實?」這樣的問題的時候，最重要的還不是發掘到底某時某地是否有某一事件發生。更重要的往往是我們到底怎樣稱呼這事件，怎樣理解這事件，甚至怎樣在整個的鄉土文化景觀上重構這事件。時代的演進令我們不斷地在重構過去的世界，不斷地在重寫過去的歷史。我們今天面對宜蘭地區的鄉土文化，也面臨著同一個局面：我們要怎樣重構過去的歷史事件，我們要根據什麼信念和理論，重寫我們過去的歷史。

4.口述歷史的意義——台語的收集、整理與開拓

對於鄉土文化來說，由於她的發展和該文化孕育出來的方言息息相關，而方言全都有一種特色，就是它的口語遠比書面語發達得多。有的方言甚至沒有發展出很完整的書面語，將它所要表述和開展的意義內容完全表達出來。做為一個方言，台語的情況也正是如此。流行於宜蘭地區的台語是帶有特殊地方色彩的方言，它不但在腔調上和其他地區的台語有別，它甚至含有與其他地區的台語不盡相同的語彙、成語和流行的諺語。（我們小時候都曾經聽過宜蘭地區的人笑稱台北人到了宜蘭，見到〈台鴨賞〉而附會鹹蛋來源的故事!）可是這樣的方言並沒有很準確的書面文字和它全面配合。這樣的現象固然有它的缺陷，比方在這樣的方言的基礎上，所孕育出來的文化內容不容易通過文字的記載比較完整地代代傳流下去。不過，與這種缺陷並行的卻有另外一些不太為常人所注意的優點。就因為這樣的方言不是緊密地與

文字一一對應，因此它在發展上特別活潑而自由。我們從小都有不照嚴格的方言說話的經驗，我們常常自創口語，表達我們新鮮的想像。有時即使這種不照既定的說話方式所開創出來的口語，只是起於嬉笑戲謔，但是它所傳達出來的效應卻既新鮮而又動人。比如我們在小學和中學的時候，為朋友或師長戲取的花名綽號，絕大多數都出於方言的口語，甚少使用具有一一文字對應的標準國語，就是這個緣故。同樣的道理，在過往宜蘭地區的農村社會和半商業半工業的社會裡，人與人之間的交往所興起的思想、情懷和意識，幾乎全都表述在這種口語式的方言裡。在那樣的時代，官方頒佈的標準語言（不管是五六十年前的日語，或是當今的北京話——兩者在各該時代裡都被稱為「國語」）幾乎都只是充當第二語言的角色。比如，在四五十年前，雖然宜蘭地區早已開始積極推行國語，但是有多少人不是用方言，而是用國語，來嬉笑怒罵；不是用方言做夢；不是用方言談情說愛？❽因為只有方言才真正和人們的切身經驗密切地結合在一起，這也是為什麼，在前述的訪問記中，當林老先生的生命經驗給寫成當今國語的表述方式之後，似乎顯得與他真正的生命情懷格格不入，因為我們現在所書寫的書面國語並不是林老先生的生活體驗中所使用的語言。

好在當今我們要記載和保存鄉土文化時，已經不再需要單靠書面文字做為主要的媒介。今天我們可以通過錄音和錄影，雙管齊下，來記載我們的生活內容，記錄我們所經歷的歷史事件，表達我們所要敘發的信念和情意內涵。而今，為了要重構鄉土文化和進一步發展鄉土文化，首先我們要能找出一個比較可信的方式去重構我們鄉土文化的

---

❽ 十幾年前我回台灣小停，聽到這樣的順口溜：「〈台市〉政府，〈台老〉百姓，×××，萬萬〈台歲〉。」這是方言口語的高度創作。

過去，尋找鄉土文化的傳統源流。這時文字書面的歷史，遠不及口述錄影的歷史那樣忠實而可靠地帶引我們走回過去，認識傳統。我們強調口語和表現口語的影像兩者並重併行，因為有時只是發音並不構成活潑的語言。表情、手勢和其他的身體語言，是口述歷史不可或缺的一種重要成素。比如，過去長期接受日本教育的人士，他們即使用台語說話也表現出很不同的身體語言的面貌。他們使用身體語言表現出一種與其他人不盡相同的情懷內容和精神境界。

這樣看來，我們要研究鄉土文化的過去，上述這種口述歷史的經營似乎是最直接而且最有效的途徑。現在六十歲以上的地方人士，經歷了多變的鄉土文化的過去，他們正有許多與我們擁有的經驗很不相同的切身體驗，可以傳達告訴我們。這應該是我們整理鄉土文化時所要訪問的第一群目標人物。為了避免日後生發「老陳凋謝，莫可諮詢」（《台灣通史序》）的感歎，我們應該及早有系統地在各行各業之間（當然包括農家的行業——「自耕農」和「佃農」的生活景況）選定這些上了年紀的地方人士，作為我們口述歷史的訪問對象。使得他們的切身經歷，通過他們自己的語言，保存下來，作為我們日後整理鄉土文化資料的根據。當我們要從百行百業中挑選具有代表性的人物作為我們開展口述歷史的訪問對象時，我們一方面固然要注意當今仍然存在的行業的過去經營狀況和後來的轉型過程，我們更要珍惜當今業已消失不再的行業。比如，在宜蘭地區有許多這樣的行業不是已經完全絕跡，就是面臨被淘汰的命運。這些行業包括助產士、人力車夫、牛車夫、手工打製棉被、手工或半機械編製草繩、手工織布、手工編織簑衣和草鞋、手工製造竹器和木器、手工製造漬品食物等等。這些常見於宜蘭地區的舊式專業，在六七十年前，是蘭陽平原到處可見的景觀。那該是我們鄉土文化中集體意識的一個重要部份。這一類的口述歷史，

不但能夠告訴我們鄉土文化的過去，而且將來在必要的時候，可能更可以充當我們推陳出新、改善生態環境的重要線索。(晚近一期的《宜蘭文獻》雜誌上介紹一位手工做灶的師傅，就是一個好例子；見該刊第二十一期，1996年5月出版。只不知訪問當時除了口述和照相之外，有沒有錄影存照。因為很多的手勢和手工不是用靜態的圖像就可以完整而忠實地表現出來。)

　　口述歷史要能在整體的鄉土文化史中扮演一個比較完整的角色，那就需要對於口述的成品加以適當的詮釋。不過，詮釋一事並非一蹴而幾，一勞永逸的事。上面說過，歷史的面貌總是要經過後世不斷的加以詮釋。當今我們所做的口述歷史的書面記錄只是一種根據我們現在的歷史眼光、文化境界、信念系統和情意觀念的初步詮釋而已。這就是為什麼我們不但要保留訪問的筆錄，我們更要保留訪問當時的錄音和錄影，因為這些才是比較未經加上後人的成見的包裝的比較純樸可信的「原始資料」。當然，這些資料在訪問當時已經包裝在受訪人的語言外衣之中。為了免於太受前人的「個人語言」的私人成見所左右，我們可以同時在某一行業中，或者就某一歷史事件，訪問不同的人士。我們上面已經說過，對於當今六十歲以上的人，我們應該鼓勵他們用他自己最感親切的口語（不論是台語或日語，或幾種語言的併合）來接受訪問和錄影。❾

　　為了進行這樣的口述歷史的工作，很顯然我們多少需要進行(宜蘭地區的)台語的書面語的開發工作。此一語言工程本身就是一件頭緒萬端的事。我們需要結合老一輩和年輕一輩的語言學家來著手進行

---

❾ 小時候我常聽人朗唱台語和日語混合起來的歌謠。直到讀大學時，有位教授在使用國語講課時，也經常夾帶著日語的感嘆語"hi!"。老一輩的人很可能需要以混合語言來傳知達意。

這一艱難的工程。不過，我們不能期待宜蘭地區的台語完全整理出來之後，才進行鄉土文化的口述歷史工作。不過，如此一來我們就面臨一種左右為難的局面。在台語還沒有完全整理出來之前，我們已經需要使用它做為口述歷史的書面語的工具。可是，一經廣泛使用，它又會左右台語本身的整理工作。因此，我們只有採取一種比較謹慎而保守的態度，避免粗糙地濫造台語的書面語。舉一個很小的例子，曾經有一張宜蘭縣的觀光地圖將太平山的「土場」改稱為「魯肉」。這是一個很不值得學習的做法。固然有很多地方人士至今仍然習慣於使用日語的唸法，將「土場」說成"lo ba"，但是把這個發音直接用近音的台語「魯肉」兩字來代表，就把原來的地名所含蘊的意義變得面目全非了。這表示我們不宜不加細心考慮就將近音或同音的字隨便拿來作為某一口語的書面表達方式。

談起台語方言的整理，有一點特別值得我們再次加以強調，那就是方言的整理，尤其是方言書面語的開拓，絕不只是為了重整鄉土文化的過去而已。方言的開拓，更是為了鄉土文化未來的發展。當鄉土文化有了生氣澎湃的發展以後，她往往會影響甚至左右其他主流文化的面貌。這時，該鄉土文化所連帶的語言，也會進一步被主流文化的語言所吸納而變成主流文化的語言的一部份。舉一個晚近的例子，數十年來，台語從日語那兒借用一個常見的單位詞（一般稱為「數詞」），那就是「台」字。日本人將一部、一架、一輛或一艘稱為「一台」，台語也跟著這樣借用。現在「台」字不但可以用來計數上演的戲（這是國語原來就有的用法），而且更可以用來計算電視機、電腦、打印機、車輛、輪船等等的物品（這就不是國語原來具有的用法）。目前推廣使用的結果，不但台灣地區的國語普遍收羅這個意含，就連大陸地區（包括標準國語的中原地帶）以及其他海外地區所使用的國語

（他們稱為「普通話」或「華語」）也都採納了這個用法。也就是說，原來只是方言裡頭的語言成素，如果發展得當，也可能被主流的國語所吸納而變成它的一個成素。通過方言的作用，與之牽連在一起的鄉土文化也會因而被吸納成為主流文化的一部份。我們要從這個角度來觀看收集、整理、重構和開拓台語方言的積極意義。

談起台語的整理，其中一件刻不容緩的事反而不是「標準」書面文字的釐定，或是讀音的「制式化」。我們目前急著要和時間賽跑、和命運搏鬥的是趕緊定出一個標音（注音或拼音）系統，適用於台灣地區各地方的方言記錄用途，並且趕緊加以推廣，用來在大家的個人經驗和集體意識尚未完全模糊消失之前，重整我們鄉土文化的過去。我們也可以在這一套完整的標音系統尚未定案之前，率先在宜蘭地區制定和推廣一套適合記錄宜蘭地區各方言的標音系統——只要我們好好聽取語言學者的意見，不將這一套地方標音系統訂得太過緊身狹窄（只適用於宜蘭的地方腔調），將來能涵容台語的其他腔調，並且必要時容易修訂更動，也就行了。

我們都知道，宜蘭地區（整個台灣地區亦然）普遍存在著許多富有地方色彩的語彙。這些語彙不易在標準的國語中找到恰當確切的對應詞語。這類的地方語彙（加上方言文法、成語和諺語等）正好涵藏著活潑鮮明、生氣勃勃的鄉土文化中的各種概念和情意。當這些語彙從我們的個人語言和集體意識裡消失之後，任憑我們對鄉土文化的過去再怎麼努力尋根追蹤，最後也可能只是在飛霧中看花，甚至在濁水裡「叉」魚而已。

比如，我們以前將「塵土飛揚」的情景稱為〈台風飛砂〉，這除了反映台語構詞的某些特色之外，同時也是那時田園市鎮起風飛土時的情景。我們在農村的生活裡，所體驗的〈台烏寒〉的天氣，往往也不

是大都市裡的人所經歷的「陰冷」的感受。此外，我們將「胡說八道」稱為〈_台黑白講〉，更顯出簡潔純樸的認知意識結構下的語言表現。總之，語言不只是可有可無、可增可減的事實外衣，它經常是構成事實不可或缺和不可分離的組成要素。例如，在我們以前的農村生活裡，光腳是司空見慣的事（我們小時候，還經歷過赤腳上學的感受——走在草地上那清涼的感覺和走在瀝青馬路上那燙腳的印象）。當我們光腳走在石子路上時，有一種感覺既不是「痛」，又不是「癢」，又不是「刺」，而是〈_台diam〉。這種感覺一定不是整年穿著鞋子的人所能輕易體會的。又如隨著農村的生產技術和作業方式的轉型，不但用來耕作的水牛慢慢不見了，因此白鷺鷥騎在牛背上的景象消失了。就是與我們小時候放牛路邊吃草和河裡〈_台geh 浴〉相關的語彙也逐步被人遺忘。以往農村常見的〈_台竹圍〉將要變成歷史的陳跡。〈_台草buh〉也變形變樣了。有一天〈_台tiap 草 buh〉可能成了「絕技」。而這個極為象形但又轉為附會使用的〈_台buh〉字，充當單位詞時，它的意義和用法可能也會慢慢變樣了。（現在可能稱「草堆」好過叫「草buh」。）為了避免造成鄉土文化歷史的斷層，因此在收集方言語彙時，宜從瀕臨絕跡的行業和經驗趕緊進行，以免日後尋根不著，招魂乏術。

5.後語——有關「宜蘭研究」的一些推行建議

從上面所說的看來，宜蘭研究是件頭緒萬端的事。以我們目前的人力資源和物力資源來看，顯然無法進行既全面又深入的工作。我們只能一方面著眼於未來鄉土文化的全面發展，另一方面卻選擇具有代表性和具有長遠意義的部份工作，首先優先進行。除了上述的口述歷史和口語整理之外，我覺得有一些工作策略上的事值得我們加以注意。

　　首先，我們可能要對自己傳統的鄉土文化有一個初步的評價，思考那些鄉土文化成素是值得我們日後加以推廣發揮，另外有那些成素值得我們「考古保存」，以供將來不時之需。這當然不是一件很容易辦到的事，因為它不只牽涉到文化上的自我認知和自我認同，而且更牽涉到文化上的自我批判。為了比較客觀地進行這類的工作，我們唯有採取開放的心胸和做法，避免閉門造車和孤芳自賞。宜蘭地區以往的確存有優良純樸的民風（也曾經被評為台灣地區政治最清廉的地方），這在今日這個有待「道德重整」的時代，應該具有鮮明的帶頭作用和倡導價值。不過，使用什麼樣的方法和採取怎麼樣的策略去詮釋這樣的地方色彩，使它能夠成為教育後代的指標，這卻是值得大家細心思考的事情。我們也許需要邀請不同領域的專家進行多番的討論，才能訂下我們發揚鄉土文化的短程、中程和長程政策。

　　第二，我們可以將影響過去宜蘭地區的鄉土文化的人物、事物(包括古跡、古事、古物等)、社會政治運動、生產方式以及其他種種歷史要項，開列枚舉出來，並且分別招募對各該項目有經驗、有認識和有主張的人士，共同參與進行口述歷史的工作，進而整理製作出可供後人研究、具有教育和文化意義的成品。比如，過去數十年來，太平山林場的開發、經營、結束和後來朝觀光旅遊業發展的轉型，就是一件在宜蘭地區值得大書特寫的歷史文化大事。（那不只是宜蘭地區的產業經濟大事，也是水土保持、生態環保意識之爭的政治大事。）我們應該趁著實際參與林場工作的人仍然健在，並且尚未完全忘記他們當時的感覺和經驗之前，努力進行口述歷史的收集、查證、整理和紀錄的工作。如果進行得順利，我們還可以根據這些資料製作出各類有關太平山和太平山林場的專書、圖集、影帶和唯讀光碟。這些成品既有社會文化的意義，又有教育的價值。

　　第三，近來，宜蘭縣往往在社會和政治工作上領先台灣地區，開創新的局面。在鄉土文化和方言教育上也已經開始有了初步的成績。為了使這一類的工作成果能夠產生比較深遠的影響，並且方便和國內國外的各方人士交流意見，產生集思廣益和互補長短的效果，我們應早日將鄉土文化的初步工作成果，搬上多媒體的世界聯網的網絡之上（比如上述的太平山和太平山林場的專集和影帶都可以「上網」公佈）。宜蘭縣目前已經有她的「網頁」， 我們應該聚集一些有關專家，配合現有的人力財力，將這些網絡延伸到國內國外的電子通道上。宜蘭縣在最近十年來一直在文化工作上努力不懈，我們可以通過世界聯網將我們經營鄉土文化的意志、胸懷和成就公佈給世人，藉以吸引他們的興趣、建言和鑑賞，使得我們在有志將宜蘭地區發展成為文化之鄉，特別是生態環保的鄉土的努力上，日臻日興，向前邁進。

　　第四，文化經營的目的最後總是為了人類生活品質的提升和生命形式的演進。鄉土文化的發展和開拓自然也不例外。我們關心宜蘭地區的文化發展，從長遠看來，就是關心我們的生活品質和生命形式。所以，當我們在努力提倡自然生態的環保工作時，我們也不要遺忘配合教育文化的措施，進行文化上的環保工作。基本上這是我們的民風習性的環保，是我們的感情的環保，也是我們的理性的環保。這是我們的「人性環保」。

1996年8月12日

語言・文化與理論的移植
——一個人文生態的思考

0.人性和理論：人是理論的動物

人是複雜的動物。人類在不斷開創文化和建設文明的過程中，變得愈來愈趨複雜。人的理性複雜了，人的感性複雜了；人性複雜了。

為了瞭解複雜的人，為了瞭解複雜的人性，我們不能只是單單打開一個窺看視察的窗口。複雜的東西不只是一個統一單層的面相，它往往由多個面相的互映和多層面相的交織，才呈現出比較完整的實質內涵。人類的原初人性如此，人類創造的文化和文明也是如此，人類在文化和文明中接著展現的新人性更是如此。

我們說「人是理性的動物」。 我們可以藉考察理性去瞭解人類。我們也說「人是有情的動物」， 我們也可以藉研究感情和情懷去瞭解人類。我們也說「人是語言的動物」， 我們也可以藉探討語言去瞭解人類。類似地，我們也用其他的特徵去標示人類，這時我們也就可以通過那些特徵去瞭解自己。現在，讓我們從另一個角度去觀看人類。讓我們說「人是理論的動物」。

人類在漫長的演化過程中，開創出無數無盡、無奇不有的種種理論。人類發明理論，人類修訂理論，人類放棄理論。人類理解理論，人類使用理論，人類歪曲理論。人類拿理論認識世界，人類拿理論對抗理論，人類拿理論駕馭他人，人類拿理論困惑自己。人類生於理論

之中，人類活於理論之內，人類死於理論之下。所以，人類要建構理論。所以，人類要移植理論。所以，人類要解構理論。

理論有粗有細：有結構鬆弛的，有系統完整的。理論有新有舊：有正在萌發成長的，有趨於青壯成熟的，有走向守成衰老的。另外，理論有寬有窄：有的對人類經驗來說，幾乎普遍成立，有的只在一個特定的文化情境下才算言之成理。當然，理論也會有久有暫：有的經得起時間的考驗，歷久不衰；有的只在時代的風尚下寄存，曇花一現。

可是不管怎樣，人類已經離不開理論。人類的歷史在雜多分殊的理論之間迂迴進退，人類的理性和感性也在人類自己不斷建構理論和解構理論之下崎嶇演化。所以，我們要說「人是理論的動物」。人性——特別是文化人性——和理論結下了不解之緣。

我們知道，其他動物也許會在經驗中學習，改變生活習慣，甚至演化生命形式。但牠們不能成就理論。另外，如果我們設想一個全知的上帝，一切都在祂的觀照理解之中，祂也就無需理論。人類剛好夾介於智障無奈的動物和全智無礙的上帝之間，動用想像力和創造概念以及使用語言的能力，將自己有限的經驗加以分析過濾，組織投射，收納於各形各類的普遍命題之下，形成基本的信念；進而結織信念之網，構成用來說明解釋人類經驗的理論。❶

這是一種從比較宏觀的角度來觀看人類的理論現象：理論活動、理論成果和理論作用。從這樣的觀點看，我們比較容易察覺出理論和人類（包括個人與集體），理論和人生，以及理論和人性的密切關係。這就是為什麼我們要「從一個人文生態的觀點」去從事這一類的討論。

---

❶ 英文的“explanation”有人譯成「說明」，有人叫做「解釋」。在此我們視兩者為同義詞，可以互相交換使用，必要時交疊聯用。

1.一個人文生態的觀點

從其潛質和開展的可能性來看，人是極端複雜的動物。人類沒有一個固定不變的文化本質，人生也沒有一種恆常一貫的生命內容。至於人性，更加沒有永遠不可改變的必然性徵。比如，我們可以這樣發問：我們個人的一生到底要成就什麼？我們人類集體上到底又要成就什麼？我們大家的生活形態和生命內容結合起來，又為人性刻畫出一種什麼模樣？

表面看來，「生、老、病、死」好像概括了個人生命的基本輪廓。可是，如果我們細心想一想，原始人的生老病死和現在我們的生老病死是多麼樣的不同。二十一世紀以後的人類，他們的生老病死又會呈現出什麼樣的模式呢？個人的生活內容如此，人類集體的生命形式也是如此。它的內容全都不是固定死板，一成不變的。談起人類的人性，特別是文化人性，它的演化過程和進步痕跡更是歷歷在目，無可否認。這樣一來，當我們談論人類的一切生命現象、生活經驗、文化成果和文明成就的時候，我們就應該採取一種演化的眼光。遠古的時候，未曾存在的事物，今日可能到處皆是；今日我們所不熟識的事物，等到明天，可能司空見慣。同樣地，以往從來沒有過的人生經驗、人性內涵、文化成果和文明成就，也將在今後不斷的湧現出沒，替換更新。儘管如此，我們還是不斷地思索，設想作為一個人，作為人類的一份子，大家到底是否具有一種古今中外互通共鳴的基本生活形式和生命意義呢？如果我們更深入一層來看，我們還會進一步發問：雖然人類的生命不斷在演變，人類的文化無止境地不停在更新，可是，人類的文明到底要往什麼樣的方向發展呢？人類的人性又會演變出什麼樣的

內涵呢？

我們說人是理論的動物。可是若從上面所說這樣的演化的觀點看，我們就不能只將人類創造理論的活動，孤立起來，當作一種自身含有自己的目的，自己具有自己的意義的自圓自足的活動來看待。通常我們不是為理論而理論。❷人類的理論活動，從這個觀點看，是人類眾多活動中的一種活動，它的目的和意義只能從整體的人類活動的脈絡裡去加以決定。同樣地，人類創造理論的文化成果，也只能從人類整體的文化成果的脈絡裡去加以評價。這就是說，人類創造理論的經驗，只是人類整體經驗中的部份經驗，我們必須從人類整體經驗的內涵回顧人類創造理論的經驗。

當然，我們可以更加深入一層地發問：整個人類活動的目的和意義何在？整個人類的文化成果和文明成就到底有什麼價值？這時，我們就接觸到一個極為基本的——如果不是最基本的——哲理問題。那就是：所謂「意義」，所謂「目的」，所謂「價值」，這些東西到底如何衍生成長，如何變成我們探討問題，認識世界和評價事物的起點呢？假定我們是一個方法論上的極端懷疑主義者，假扮得理直氣壯地認定這個世界沒有任何東西可以充當我們立論和評價的基礎。這時，難道我們就對於這個世界，對於我們的人生，以及對於我們的人性，完全無法立言，完全無法力行嗎？

在立言方面，不管我們贊成或者不贊成，喜歡或是不喜歡，現代

---

❷ 我們原先並不是——現在主要也不是——為理論而理論。不過等這類活動開展之後，有人也可以「不為什麼」而去投入從事。人類可以為生存而努力工作，在生存不受威脅之下，人也可以基於遊玩嬉戲、好奇多事而醉心投入。「不為什麼而為」有時也成了促進文化發展、技術改良、知識增進，甚至品德提升、價值深刻和文明進步的力量。

哲學之父的笛卡兒曾經提示我們一條可行的理論道路。翻譯成為我們現在的語言來說，人類離不開理論的創作。極端的懷疑論者，也只能通過理論來懷疑（人家或自己的理論）。 每當他「徹底」懷疑時，他也處於創作理論的過程之中，和其他的人分享著共通的理論經驗。❸ 我們可以在這彼此互通而可以分享的經驗中找出可以充當立論道說的種種起點。（不一定只有一個起點。這方面就不是典型的「笛卡兒模式」。）我們在挖掘自己的經驗過程中，遲早會發現人類的經驗不是一串沒有分別，無法加以辨認，不能有所比對的意識之流。我們能分辨出這是什麼經驗，而不是另外什麼經驗。就在這樣的區別分野之間，我們立言立論所需的心意和概念逐步出現了。我們的經驗通過這樣的心意和概念，開始具有了現在我們所說的（認知上的）意義。這時我們往往接著——或者同時——將這類的心意和概念披藏在語言之中，作為吐露表達的媒介。這種意義的產生，基本上就是我們可以用來認識世界和認識人類自己以及進一步用來立論說理，進行理論活動的基礎和起點。這也是人類理性的濫觴（以及人類感情的萌芽）的憑據。

　　至於力行方面，我們也無需像某些哲學上的虛無主義者那麼悲觀。這個世界的美好事物，並不是在通過人類一致的認同和肯定之後，才有人肯花費他的時間和精力去加以從事。我們經常看到的現象反而是一些有志有情之士不問自己的人生是否「虛度」， 帶頭創造出一些令其他人終久體認出其價值的事物，不計成敗地演做出感動其他人的行為。可是，他們的意志和感情又是些什麼呢？人類的感情不是瞬間起落，上下不定的情緒，也不是因應生理的需求驅使起動出來的無心無意的身體動作。人類和其他動物（至少在程度上具有天壤之別）的

---

❸ 訴諸理論經驗的結果，終於難以避免走回人類的意識和思想。這就是為什麼這一條思路基本上仍然是「笛卡兒式」的論證方式。

差異在於人類早已進化到能夠通過心意和概念，對生理發出的衝動和內心浮現的情緒加以控制、過濾、選擇和組織，涵養出較有條理，較為持久，能夠斟酌損益，可以進退取捨，較為合理，較為提升，較為空靈的內在品質。人類的感情就是蘊釀於這種內在的品質，起動於這種內在的品質，並且收斂涵藏於這種內在的品質。

可是我們到底是在怎樣的演化進程上,經過什麼樣的辛苦建樹,才進展到可以馴服本能衝動，能夠控制情緒反應，進而培養感情，堅定意志呢？人類的感情演化，正如他的理性的演化一樣，有其漫長的過程和崎嶇的經歷。其間有順境，也有逆流。可是，一言以蔽之，沒有概念和心意，人類產生不了他那特殊的理性的認知。同樣的，缺少了心意和概念，人類也就無以孕育出那與眾不同的感情和意志。人類的遠祖顯然運用了高超的想像力，突破遠古時代那時的一般習性，由少數人開始創造，屢經辛苦和折磨，終於開發出為不少人接納的感情和理性的雛型模樣和運作方式。接著在漫長的人類文明的演化中，代代傳流，世世修訂，終於塑造形成我們今日所認知的（文化）人性──今日人類的理性和今日人類的感性（包括感情）。❹從這個角度看，人類的感情不僅起於辛苦的「力行」， 而且這種超拔於生理衝動，獨立於瞬間情緒的人性感情，正和人類理性一樣，二者分殊而同源，雙向而一出。這個論旨，我們可以稱為人類的「情理同源論」❺。

人類用以成全理性和塑造感情的基礎心意、根源概念和起始思想，通過種種的傳知達意，披心表情的溝通方式──亦即廣義的語言（包括種種軀體語言）的使用──逐步在人群之間產生了觀摩、效法、

---

❹ 我們不必在此假定今日人類擁有齊一共同的理性形式和感情模態。

❺ 關於人類的情理同源的思想散見於作者近十年來的文字之中。參見《人性・記號與文明》，台北，1992年。

修整、結合、推廣和定型等種種作用，於是慢慢開始生發出人類理性的雛型和人類感性的雛型（包括人類感情的雛型）。 這樣一來，本來也許出於較有想像力的少數一些人，分別散落在不同的角落「發明」出來的理性和感性，在社群與社會的種種需要之下（比如保障自己之所擁有）， 終能受到普遍的接納和發揚。於是人類理性和感情的發端個例——相對而言，甚為超凡突出的一些個例——慢慢繁衍成為人類理性和感情的風俗習慣，演成人類理性和感情的傳統，塑造出人性的文化和文化的人性。❻

在上述的人性（包括人類理性與人類感性）演進發展過程中，扮演著舉足輕重而不可或缺的角色的（包括工具角色，但不純然是工具角色）， 就是廣義的語言。人類的心意和概念等出諸於內，人類的語言（以及一般的記號）則形諸於外。兩者互激互盪，並起共生，促成人性和人類文明的開拓和進展。❼

人類擁有了可以順暢互通，並且可以無盡開展的語言之後，談天說地，道己話人，語長道短，抒情辯理等等的「語言行為」就成了人類的一個首要性徵——並且很快演化成文化人性的第一性徵。人成了語言的動物，人成了說話的動物，人成了講故事的動物。❽

人類講情的事，人類也講理的事。人類所講的情的事和所講的理的事，兩者並非互不相涉，隔離絕緣。正相反地，人類的情和理，尤其是人類講的情和講的理，兩者經常千絲萬縷，難分難解。但是為了

---

❻　作者一直採取「人性演化論」的觀點。對人類的文化人性尤然。提起人類的「文化人性」並不自動涵蘊人類具有可以明白界定的「自然人性」。

❼　基本上這是作者的「記號人性論」的主旨。參見作者之《語言與人性：記號人性論闡釋》。

❽　參見上註所引著作第一節「人是講故事的動物」。

方便處理現在的論題起見，我們將講情的事暫時擱置一旁，只討論人類說理的事。

2.理論研究的天地——談說理論的多重面相

從人性、人生和人類文化與文明演進的生態中看人類的理論現象——從人文生態的觀點看——有關理論的問題成了多層次、多面相、多頭緒的許多問題。我們甚至可以將人性的研究、人生的研究或人類文化的研究和人類理論活動與理論經驗的研究相提並論。如果不怕過分簡化而給人隨意誤解，我們甚至可以說：「人是自己說出來的」，人性也是，人類的文明也是。當然，說了之後人類還不斷出諸行動。不過，對於人類來說，訴諸行為也成了一種講說的方式。這樣的說法和我們在上面所說的「人是理論的動物」，兩者等同貫通，真假一致。

自從人類發明了記號，使用了語言之後，❾我們每說一句話，或做一次記號的舉動，它的後面就含藏著一些（甚至不計其數的）沒有說出的話，或沒有做出的記號行為。為了方便起見，讓我們只簡單地說：每當我們說出一句話，背後就有不計其數的未經說出的話。這些隱藏在一句說出的話背後的那些沒經說出的話，彼此之間並不是雜亂堆陳，漫無關聯。它們之間有著種種的關係，而在每一種關係中也未必只有一種可能的彼此聯繫。那些關係中，有的是狹義的邏輯關係，有些則是廣義的「理由」、「理據」、「推理」或「說理」的關係。這種

---

❾ 在本文的討論中，「語言」一詞往往取其最廣義。一切的記號的使用全都構成語言行為，全都表現出人類的語言現象。至於有沒有一種結構良好、自圓自足、有系統、有明確規則的東西，稱為「語言」的。這類問題暫時不是我們關心注目所在。

關係的聯網有簡有繁，有粗有細，有單純「同質」的，也有複雜「異類」的——那完全要看在歷史文化的進程中，人類的集體和個人想要說什麼故事，有意講什麼道理而定。神話的故事、英雄的故事、平凡人生的故事、科學的故事、甚至哲學的故事，都是這樣由人類的個人或集體講說出來的。這就是人類編織理論，使用理論和進行理論「精緻化」、「專業化」和「超俗化（脫俗化）」的原委。

當然，我們往往並不察覺每當我們說出一句話時，背後涵藏著那麼多未經說出的話。可是寓於人類文化中的那些經過制度化和未經制度化的教養、教育和教化，令人不論是在嬉戲遊藝之間，或在工作營生之時，甚至在鍛鍊修養之際，不停地浸淫於這樣的種種理論當中，構成個人的信念和知識系統，也形成集體的意識和文化內涵，甚至沈澱變成個人或集體的幽情的夢境和隱祕的潛意識的核心。

隨著時代的改變，歷史文化的演化和人類新的想像力的興起，以及個人和社會不同的需求和期望的出現，上述的信念、知識、意識和潛意識都在各種程度上產生增刪和修訂。或明或暗的理論和理論群也不斷地處於演化的過程當中。可是無論如何，人類一開始生發記號活動，進行語言行為，編造故事內容，闖入理論世界之後，我們再也無法回頭，徹頭徹尾地洗淨所有的意識內容，完完全全地揚棄一切潛意識的作用。❿ 人心早已不可能再是一片「空白」的平面。人類集體的意識和潛意識更是早已受盡世世代代的渲染——不管是「彩染」還是「污染」。 我們不能沒有信念，只能以新的信念取代舊的信念，可是新的信念中早已含有舊的信念的成份。同樣地，知識也是如此。⓫ 這

---

❿ 人類「記號化」的結果產生了豐富的幻想和暇思，也演變出深厚的潛意識作用。相對來說，其他動物就欠缺像人類一樣的多種夢境和深沈的潛意識。

是因為人類早已不能不再講故事，不再編織理論；我們只能以新換舊，可是新中有舊，推「舊」出新。我們的生活雖然始於文化的母胎，可是我們的生命卻直追人性的「盤古」。

懷著這樣的演化的眼光，我們也就容易打開理論研究的廣大深遠的天地。比如，不管對於某一個個別的理論或是對於某一類的理論群來說，我們都可以發問和思考研究類似下列的種種問題：㈠理論的產生問題：人類的理論有它深層入裡的人性根源，可是個別的理論（群）更有它生成和開展的歷史文化和社會「經濟」條件。我們如果注意這些個別的生成開展的理論和生態條件，就更能準確地理解某（些）理論的生滅現象——因為理論的興衰本身也是多因多緣的。知識論或真理論上的判準並非唯一的標準。㈡理論的使用問題：並非所有的理論都是為了應付「實用」的目的而生成而開展。可是，即使那些「無所為而為之」，沒有特定的實用目的編織出來的理論，有一天也可能給人派上用場。尤其人類生活多種多樣，人類心靈多重多折，物之為「用」，因心而生。人類對理論也是如此。我們可以用它來「指導」作為，認識世界；也可以用它來統御「事理」，發明器物；更可以用來把玩欣賞，神遊其間。㈢理論的變革：一個理論（群）往往不純粹是少數一兩個人的獨自發明，它往往是在一個文化傳統中——包括學術的文化傳統，工藝的文化傳統等——逐步演變開展，最後由少數的人集大成，加新創，闢用途，解疑難而拓展出來的。歷史上有很多「長命」的理論，可是理論受用的時間愈長，它所積存的後加成素和增刪內涵可能愈多。不過，理論內涵的演變不一定巨細靡遺地表露在理論

❶　從這個觀點看，人類的情懷和情感也是如此。人類早已不能沒有情懷和感情，我們只是以新情懷代替舊情懷，以新感情代替舊感情。可是，新情懷中含有舊情懷，新感情中含有舊感情。

的語言外衣之上。理論中的概念移位，甚至命題錯置之事，並不出奇。舊瓶新酒，古調今音的現象在源遠流長的理論中，更是司空見慣。歷史的理論、文化的理論、人性的理論、神性的理論（比如宗教的理論）最是如此。人是理論的動物，理論在不斷地變革之中，人也在不斷的演變的道路上。㈣理論的結構：理論的作用廣狹鉅細，它的壽命悠長短暫，它應付變革，脫胎換骨的能耐等等，固然決定於它是否能夠適度滿足人類使用理論的目的。不過，一樣重要的是，那也要看一個理論的組織構成情況而定。一個理論的內部結構和組成元素常常決定該論的適存能力。有的理論——比如我們現在所謂的「前科學」的理論，它們之所以能在民俗的範疇裡和常識的層次上歷久常青，百世不壞，主要的原因是理論內部的結構鬆弛疏散，其主要命題允許世世代代的新解釋和重新再解釋——有時甚至容納不同的人在同一時代裡的不同解釋。此外，理論裡的基本概念抽象得可以在很大的程度上移位轉注，也是令許多民俗理論顛撲不破的原因。㈤理論與外在世界（包括理論與現存的理論和日後興起的理論）：人類講說故事，營造理論的結果，不斷地編織、創造和發明開拓了種種的「世界」，比如神話世界、童話世界、藝術世界以及其他種種個人的、雙人的、多人的和較大集體的精神世界（包括情感世界）。不僅如此，從這樣的種種世界中，有一類的世界慢慢通過人類的觀察、試驗和組織的想像而浮現成型。那就是「認識的」世界，或可稱為「經驗知識的」世界。比如最近三個世紀以來特別受人重視的「科學的」世界就是。二十世紀的許多人懷著一種狹窄的眼光，以為人類真正的知識唯有、而且只限於科學知識。因此唯一的真實世界就是科學的世界。這是一種時代的執迷與偏見。在這種偏見之下，我們也就難以啟齒，去談說像宗教知識、形上知識、感情知識、藝術知識和心靈知識等等這類的文化建樹。可是，事實上

除非我們滿足於狹隘的胸懷，否則只好認清，在人類的文化文明之中，各種世界總是層層相因，環環互扣。即使是科學的世界，其背後藏有形上的世界，它的前方則可能牽引連帶著宗教的世界、倫理的世界和藝術的世界。同樣地，今日，我們一談起理論，許多人總是以科學理論為典範。若是為了簡單明確，方便處理，此舉不無情有可原之處；可是，倘若因此而低估、忽略，甚至非難和否定其他種種的理論，這就容易造成文化發展上的「斷層」，引起心智平衡上的障礙。科學的理論最終固然有人類的感官經驗與之掛鈎牽連，可是科學理論之為理論，並非感官經驗的隨意採集收羅，而是此類經驗的分析比對、組織安排，甚至製模改造的成果。由採集收羅直至製模改造，這是「理論化」的慣常過程。那不只是人類感覺知覺吸收採納的直接成效，那更是概念化、語言化、記號化的努力結果。可是人類的記號行為遠遠超乎「科學」的範圍，人類通過理論演化而成就的理性和感性也不能只限於科學理性和科學感性。科學只是人類文明的一種成就。科學文化只是人類文化的一個環結。理論創發外在世界，理論改變外在世界，理論印證外在世界，理論令我們的外在世界膨脹繁殖，理論也令我們的外在世界收縮減消。

3. 理論的證立問題

我們在上文裡，主要從人類理論活動的文化意含去說明人是理論的動物。這可以說是對人類理論行為的外部、後設而宏觀的探討——我們稱之為「人文生態的思考」。從這樣的角度看理論，我們比較容易把握其功能和效應，以及其興衰接替、移植轉借的複雜關係。不過，我們卻不可以因此遽加推論，以為凡是理論都沒有什麼普遍性和客觀

性可言，因為所有理論都是個別文化傳統下的產物，而文化傳統總是不斷在演化嬗變的過程之中。

讓我們先談普遍性的問題。我們總是希望一個理論構作出來之後，能夠「放諸四海而皆準」。 因此，我們或多或少總是將理論的建構當成一種「真理」的獲取和把握。可是另一方面，當我們放遠眼光，留意歷史發展的時候，卻又發現各門各類的理論全都處於不斷接受檢驗，接受修訂，有時接受「區域化」， 甚至進而遭遇「粗俗化」的過程。於是新的理論又應運而生，取而代之。理論的生生滅滅，成了尋常無奇的事。這樣的現象在社會人文的領域裡固然司空見慣，就是在自然科學和工程科技的範圍之中，也一樣有跡可循。如果是這樣的話，那麼一個理論剛剛興盛狀大之時，擁讚者那無比的信心和寄望——以為追尋到世事真象或人間真理——終久不是一次又一次地遭遇挫折和失敗嗎？

不錯，如果我們抱持絕對主義，信持黑白分明而且終極透澈的真理觀，那麼在人類的理論活動不斷演進之下，不停地夢想和不斷地幻滅成了追求真理的常態進程，甚至必然結果。為了打破這樣的「悲觀」局面，我們唯有修正我們對於編織理論的目的之期望，或者修正我們對於真理的概念之認識。

一方面，我們可以非常注重實用，一味只在計慮理論的工具價值。一心只將理論看成是指導行為模式，引發技術發展，支持人生活用技能的概念架構和命題組織。從這個觀點看，一個理論的好壞端看它所產生的社會效應和人生功用而定。許多民俗上的理論也許正是如此。不過這樣的見解如果徹底推行，全盤跟進，容易引起認識上的虛無主義或「無政府主義」，令人不再採信任何「事實」。一切只問有無利用價值。

　　固然，追求實用和功效是人類賴以生存的工作模式之一。可是，除此之外，人類也有求知的好奇，以及希望獲得「真象」的興趣。不但如此，常常認識真象也是人類求取生存和計謀生活的重要先決條件。錯誤的判斷有時降低生活品質，甚而威脅生存機會。正確的判斷意即對事實真象的認知。所以追求真理，獲取真象的要求也和講究實用和尋求功效一樣，都是人類生存和生活所賴以成功的工作模式。真理的追求常常和實效的講究彼此區分明確，但卻息息相關。因此，完全放棄真理的概念也是不切實際，不合乎人文生態開展的要求。

　　這樣一來，為了避免對真理的追求者是掉入幻滅失望的境地，唯一合情合理的途徑似乎就存在於修訂真理的概念一途。

　　我們可以採取一種乏晰（模糊）邏輯的觀點，不再將真理看成是明晰確定，通身透明的東西。正好似當我們在霧中賞花一樣，花的形貌、顏色和組織結構在不同的霧濃程度和不同的觀看距離裡，都會呈現出不盡相同，甚至大為不同的景象。類似地，我們所要尋找認識的真理，也全都浸淫在一大片有濃有淡的認知迷霧之中。認知是人類心靈開展出來的洞察能力。它藉著人類的理論活動而進行。可是人類的理論活動不是一種簡單的「張眼觀看」，或者「開燈探照」。理論是在一個文化傳統中塑造成就的。它使用文化傳統中的語言，用以形成概念⓬，固定事態；創發命題，捕捉真象；甚至發明機制，進行知識的累積、增強、深化和推廣。⓭這樣一來，理論以及理論活動的文化脈

⓬　理論活動往往牽涉到語言的洗鍊、精緻化和其他方面的改造。但是改造過的語言也一樣浸潤在該語言原來所在的文化傳統的各項制約條件之中。

⓭　比方，發明開展種種數學和統計學的研究方法，以及邏輯和其他知識工程的建構技術。

絡，不但成了人類捕捉真理的利器，同時也不可避免地刻劃出真理怎樣呈現的模式或樣態。真理是在某種特定的文化傳統的煙霧中，通過理論活動而刻劃出來的知識之花。

人類的文化傳統不斷地在開展演變，我們的語言所負荷裝載的概念——情意亦然——也不停地在變形挪動，因為我們的生活經驗不斷更新，我們的生命樣式不斷演進的緣故。這樣一來，原來編織結構用來尋求真理、增進知識的理論也就呈現了不盡相同的面貌。所以，作者一直主張我們在結構理論之時，以及在進行理論活動的時候，最好採取一種工作態度（作者稱之為「假設主張」❹）：所有我們提出的理論都是一種「局部理論」，而不是一種「全盤理論」。理論的成立——它的證立問題——總是建基於文化傳統中一時一地的人類集體經驗，以及該時該地（約定）俗成的概念內涵和語言解釋。而這些全都是動態而不停開展的，不是靜態而絕對不變的。

從這樣的見解我們可以推知，所謂理論的普遍性也只能當作一種乏晰概念看待。如果我們採取上述的乏晰真理觀，而不計較某一理論在某時某地呈現出比另時另地更加清晰（談不上最清晰）或更加模糊的樣式的話，那麼跨越文化傳統的普遍性理論並非不能獲致。當我們進行理論活動的時候，我們至少在概念上，在語言上總會或多或少削足適履，甚至畫蛇添足——直到有更加良好的理論出現為止。

理論的客觀性也應該做如是觀。客觀性也應該是個乏晰的概念，應用到理論，特別是理論活動之上時，更是如此。

理論是人類記號化活動的成果。有關人類如何開展記號活動的過程，也許永遠只是一片模糊的臆測。可是明白可以推知的是，人類為了各種生理和心理、物質和精神、實用和意興上的需要，進行了各種

❹　參見文末之「參考資料」：(1)、(2)、(6)。

不同的記號作為，開闢了種種的記號世界。其中一種對人類日常的生活，往後的種族生存，以及終久的人性發展顯得極為重要的，就是人類創造開發了形形色色的記號世界，用以描構印證「外在世界」。 與童話或其他純粹想像、自由創造的記號世界不同的是，這類的記號世界不斷接受人類新起的經驗的比對和檢驗。我們常常需要修訂已經建起的記號世界來安排重新認識的事實，有時甚至被迫放棄整個或部份這類的記號世界，因為它不再容易修補，不再可以印證我們認識到的外在世界。

由於我們能夠區別純粹由自己創造出來的事實和經驗，以別於不是完全能由自我的意識所左右的事實和經驗，因此「客觀性」的概念也就在我們的意識中浮現，成為驅使我們修訂和再造有關外在世界的記號系統的力量。

不過，我們不宜將「客觀性」加以絕對化，否則我們也就忽略了人類記號行為的根本意義。我們可以粗略地說，人類對外在世界的記號化是人類對於有外在因素參與作用的經驗的記號建構。人類採取自己發明，自己能夠把握善用，自己有時也難免誤用的記號系統，來結構出一個自認為生存其間的外在世界。這個外在世界的真象如何，一方面不是由人類自己的意志所決定，可是另一方面卻受制於其所用的記號元素和記號系統。簡單地說，我們不必主張一個絕對意義的外在世界。這個外在世界是通過人類的記號化而呈現出人類認識到的模樣。

這樣一來，理論——特別是有關外在世界的理論的普遍性和客觀性也就呈現出一種「人文生態的」色彩。理論的證立問題也就不再只是事實問題，而且也是文化問題了。

4.人類知性的演化：大語言和小語言

從事文化和文明的工作，我們最宜注意「大處著眼，小處著手」。明白大處著眼的重要性，我們才不致於忽略文化發展的潮流與方向，重視文明演化的意義和價值。可是另一方面，能夠從小事著手，我們才能參與局部的改造和精進，進而引發整個大局或整個系統的演化和進步。

就以人類的理論活動來說，在上文裡，我們不時強調從一個人文生態的觀點來考察這個問題，其立意就在於從文化發展和文明成就的「大處」去「著眼」觀看這類的文化活動，考慮它的文明成果。可是等到我們將理論活動的問題縮小，集中討論理論的證立問題的時候，我們也就很容易由廣大的文化問題，掉落到細小的知識論問題或是認知邏輯的問題。我們很容易劃清界限地規定「證立問題」的邏輯結構，並且進一步提出一套方法論上的主張或原理，令這類證立問題在該結構內，在該方法下，獲得圓滿的解決。這時我們往往遺忘了進一步向後退開，回頭檢討該邏輯結構，以及該方法論，各自在什麼基礎上成立。我們往往沒有退後再做這類的引證工作，因為它是一個時代、一個文化、或一個學派的基本「教條」——而教條是很少拿出來給人加以批判，加以反省的。

比如，本世紀初葉的哲學分析學派（如邏輯實證論）就主張把理論當成一集集的「普遍含蓋性定律」，並且把理論的說明力（或解釋能力）看成是在「假設演繹」的邏輯結構下的「檢證」成果。這樣的構想假定著一些重要的基本主張。第一，當時我們把握到的邏輯——一種外範邏輯，足以用來闡釋理論的證立問題。第二，所謂「說明」

或「解釋」的理論活動，都是運用普遍含蓋性定律式的語句來進行的。諸如此類的基本主張也許在某些理論活動中，有例可援，無可爭議。可是局部的現象不一定可以無限引申，用以含蓋所有的情況。人類理論的活動，即使在經驗科學的範圍內，也各有不同的樣式和變形。我們也許可以對這類的理論結構加以「理性的重構」（這是邏輯經驗論者的用語）。 然而，這一來，我們已經離開了原來的理論活動現象。我們已經更上層樓，進一步採用一套「後設」的語言和概念系統，試圖闡釋原先在實際的運用脈絡中所出現的理論活動。

這樣的後設的、反思的，甚至重構再造的活動，也是人類知性開展的一種重要活動。當它澎湃展開，立定腳跟，形成一時一地的思考模式之後，也常常發揮反省人類理性，批判人類理性，甚至再造人類理性的作用。儘管人類的理性並非完全由人類的知性作用所決定──人類的感性不時與人類的理性互動互生，彼此共同成就──但是，人類知性的刺激最能引發人類理性的反應。而人類的理論活動又是人類知性成就中的最突出而最具主導力量的成素，因此如何看待理論活動，如何進行理論活動，甚至如何規限理論活動等等，不僅直接影響人類的知性開展，也進而間接導引人類的理性重構。人類理性不斷在演化的過程中，這類通過知性的理論活動的作用，不斷對人類理性加以塑造，是人類理性演化的一個顯性力量。

從經營知性文化的小處著手，我們經常通過分區開闢，加強深入的方式，精化並且鞏固我們對事物和事理的理解和認知。在這樣的深入和精化的過程中，我們幾乎不可避免地需要洗鍊我們的語言，明定我們的概念，強化我們的思考解析的架構。這樣一來，學思認識的「建立己見，排斥他議」的現象也就慢慢出現了。這是知性的開展，以及進而精細化和系統化的常見結果，也是造成意見分歧，學派對立的根

本因由。

　　精緻化和深入探索的結果開墾出人類文化中的種種「小語言」。簡單地說，小語言是人類探索研討的活動趨向精緻化，走向深奧裡層的結果。它一方面標示出我們探索活動的劃定層面和範圍，另一方面也提供了可以固定問題和陳示答案的表意媒介。當然，理論化是一切研討探究的歷經過程和逐步結論。因此，人類的不停理論活動就成了不斷開發新的種種小語言的淵源和動力。

　　這樣的小語言含有新起的字彙，重新釐清的語詞用法，以明定概念，重建概念架構。小語言也接著應用這些語彙和概念架構，來提出基本命題，並且在繼續探討，繼續思索，繼續推理之間，開闢發展出其他的命題，構成一種內容豐富的理論。所有的理論都在某種程度上經營出自己的小語言。小語言的經營令理論可以拓展到一定的深度。

　　人是理論的動物。人因而也是不斷開拓小語言的動物。從比較宏觀的歷史角度來看，人類文明的進步離不開這種陸續不斷的小語言的發明和使用。這類小語言的一種極為重要的功能就是當把某種理論經營拓展到一個成熟的程度之後，藉著該理論的小語言，將理論所拓展出來的識界與精神帶到一般的「大語言」中，對大語言產生衝擊、滲透、修整和改造的作用。我們目前大家通用的大語言，就是世世代代不斷接受來自各種領域的種種小語言的沖洗翻新所得的結果。童話、神話、科學、宗教、藝術、技藝等等的領域，全都不斷耕耘出自己的小語言，全都通過這些小語言反映到我們的大語言之中，成為文化人性的基礎和溝通媒介。由於人類文化呈現多源起始和多元開展的情況，因此許多同類等範的小語言，往往同時或在不同的時間，在不同的文化傳統裡滋長。這就更加添增人類文化和文明的豐富性和全面性，以及多重多元的性格。

　　雖然人類的理論活動是人類創造小語言的一大動力，這類的知性的小語言也在人類文明的成就中產生了深遠的影響。可是，並不是所有的小語言都是為了人類的理論活動，因而應運而生。人類除了知性上的開拓建樹以外，還有感性上——特別是感情上的開拓和建樹。感性上的起步和提升也有賴感性上的小語言的興風作浪和創作收成，只是感性上的小語言往往不是出於理論化的道路。說故事、寫詩章、興誦唱、構繪圖、踏舞步等等的演作方式構成感性小語言的基本骨幹。儘管知性和感性——理性與感情——在小語言的發展成形上採取不同的表達和建構形式，一個發展論辯分析、檢驗論證的形式，另一個開拓舖陳宣揚、表演呈現的方法。可是兩者當做不斷追求精緻化和深度化的小語言來看，同樣對於我們的大語言試圖做出了教化和再造的作用。感性的小語言通過改造我們的大語言，重塑人類的感性，正好像知性的小語言通過改造我們的大語言，再建我們的理性一樣。人類的文明，人類的文化人性，是在這樣的追求將精緻和具有深度的文化成果加以普及，加以大眾化，而提升而增進的。在人類文明中，理性和感性雖然常常採取不同的發展方式去加以拓展，但是兩者在根源底處卻具有相依互偎的關係。人類的感性有賴理性的支持而發揚。相對地，人類的理性依賴感性的擁護而堅持。兩者在尋求精緻和深刻上珍視已有的文化成就，尊重可能失落的文明成果。在這種意志和心懷之下，理性與感情互相依偎，彼此支援，抵禦個人的野蠻天性以及群體的破壞衝動，令文明人性可以繼續開展。從這個角度看，作者不僅主張人性的「情理同源」論——兩者都根基於人類記號化活動和記號行為，同時也要倡議人性中的「情理互援」說。❶理到無可引證之處，情的堅持令理站立。情到無可涵養滋長之餘，理的證說使情堅定。這樣，

---

❶　這是我們成功迴避論證中的「無窮後退」和「循環論證」的關鍵所在。

理因情立，情為理生。這是文明人性之中，理性和感情的對立互存和穩定平衡。不過，在文明拓展的過程中，有時我們偏重理性的道說，另外有時候卻全面關注感情的發揚。比如，二十世紀就是一個知性特別發達的世紀。人類理性的開展逐漸被導引到大力開拓「工具理性」的道路。「價值理性」一時沒有著落，因為我們的感性文明——特別是人性的感情，沒有並駕齊驅，共同開展，互相支援，彼此倚立的緣故。

　　就以人類理性的開發，知性的成長，或理論的拓展來說，當然並不是只有一種小語言，或只有一套小語言，在那兒開山闢地，拓展疆土，引導大語言的修整和改造。同樣值得注意的是，也並不是在某一個文化中，一有知性的小語言產生，開發經營的結果必定會對人類的大語言產生長遠的影響，成功修整和改造了大語言。我們都知道，有時知性上的眾說紛紜，學派林立，只成過眼雲煙，轉瞬即逝。所以，有時風起雲湧的思潮，也許帶來小語言的多彩繽紛，但是終久在人類的文明上，或在文化的人性裡，是否有所建樹，是否能夠開花結果，也要視乎文化文明演化過程中的其他因素而定。

　　在人類知性和人類理性的演化過程中，有幾個趨勢值得我們注意。這些趨勢一方面與知性小語言多元化的開拓和經營有密切的關係，另一方面也提供一個理性和感性——尤其是價值感性，互生互動的觀察參照之點。

　　第一，我們慢慢由常識知性或普及知性轉而發展專科知性，甚至科學知性。這個發展的趨勢由來已久，但到了二十世紀，其發展軌跡和開展速度尤其明顯。這個趨勢的形成一方面標示著專科小語言的急速開發和新陳代謝，其發展速度和精深程度令大語言無從順利接納，並且進一步從容消化。當眾多小語言的發展無法有效地帶動大語言的

改造時，兩者的鴻溝愈拉愈大，終於導致常識和專業知識的斷層。也引起各專業知識之間的嚴重隔離，因為大家沒有一個共通可用的大語言。專業知識無法有效地指導一般常識，這引發人類知性的一個大危機。二十世紀中葉之前，一方面專業知識突飛猛進，可是另一方面政治上的意識形態大行其道。這不是沒有原因的。我們的普及的知性，我們的常識，沒有隨專業知識一起進步的緣故。專業知識的發展對於文化生活（特別是物質生活）也許提供了進步的條件，可是對於人性文明卻又顯得那麼遙遠而不相干。

第二，知性的小語言風起雲湧，急速開發的結果，一方面造成專科知識和常識之間的斷裂，以及專科和專科之間的隔離，另一方面也自然造成普遍權威的沒落和局部權威的興起。知性的發展走向局部化、地區化和多元化之後，不但造成知識的分化，權威的分立，和知性的隔裂——知性目標的隔裂，以及知性方法的隔裂，這樣的趨勢演變下去，令人類文化失去普遍的價值標準和共通的演作模式。可是與此特性掛鉤衍生的卻是「獨斷理性」的沈落。代之而起的是講究交流，關心理解，注重溝通的「開明理性」。 由知性的多元發展開放出理性的開明，這不只是一種方法上的策略轉移而已。久而久之，它已成為人類文明的一種道德品質或價值理想。這是二十世紀知性演化過程中所帶引出來的感性成果。人類的文化常常「無中生有」， 人類的文明有時「弄假成真」。理性和感性的發展之間，有時顧此失彼，有時卻「失之東隅，收之桑榆」。

第三，事實上，人類知性和感性之間的互盪互激和彼此消長卻遠不止於此。知性的多元化，多重權威化，以及開明化的結果，人類也逐漸由「絕情理性」走向「含情理性」。這又是人類感性的一大收穫。二十世紀之後，知性多元主義、感性多元主義、人性多元主義將持續

發展，成熟的情懷不斷滋生。多元的涵容和互讓互諒將成為未來指導
人生的道德準則。

5.理論的移植——跨語言的翻譯和跨文化的轉型

人類的理論活動是在某一特定的歷史和文化傳統裡進行的。如果
我們將理論活動的成果，一個一個的理論看做是一系統有邏輯的先後
次序，有內部組織，有語意和語法結構的命題集合，那麼，一個理論
是由兩種元素構成的：一是概念（基本概念和衍生概念）， 一是命題
（基本命題和衍生命題）。 可是，有一點值得我們注意。一個理論既
然是在它的歷史文化的脈絡中產生的，因此它就不是孤立浮懸於文化
傳統之外，獨立自存，不假其他文化活動——尤其是其他的理論活動
——而自圓自足的。我們在上文裡說過，每當我們陳述一句話，後面
有不計其數，沒有陳述出來的話。一個理論的提出也是如此。每當我
們提出一個理論，它的背後往往有不計其數未經提出（但卻假定著的）
其他理論或「後設」理論。明確地說，一個理論的上述兩種成素都不
是，或不完全是，可以在理論內部自己生成，自己界定，自己釐清，
自己證立的。

先說概念。出現在一個理論裡頭的概念，往往出於理論所在的文
化，由理論的介引者加以洗鍊重構而安放在理論之中。到底要怎樣洗
鍊一個理論外的概念，將之重構，以便收納於理論之內，成為內部的
概念。這往往取決於這個理論活動的目的，它的工作指導綱領，以及
它所假定的理論。這樣看來，一個理論裡頭的概念，從一開始就背負
著特殊文化的內涵，它無法純樸清白地自外於某一個文化之上。理論
的基本概念如此，其他的衍生概念也是如此。因為衍生概念無法自外

於基本概念，它由基本概念，也許再加上其他的概念來加以界定的；而基本概念，正如上面所說，本身就是負載著特定文化的包袱。

同樣地，理論中的命題也不是浮遊中立於特定文化之上，可以獨立呈現出它的精確意義的。一個理論中的命題，不論是基本命題或是衍生命題，包含著理論中的概念以及其他語法和語意上的成素。概念的成素已如上述，可是一個或幾個概念如何在一個理論的命題裡呈現出它的特定意義，那卻有賴我們如何解釋該命題中的其他語法和語意的成素而定。理論中的命題通常不只含有理論裡的概念，它還有賴其他的語法和語意概念，才能將理論裡的概念結合起來，構成理論裡的命題。由此看來，並非理論裡的概念一有確定的意含，包含這些概念的理論命題自動就具備有確實的意義。這就是說，除了理論內的概念而外，我們還要訴諸理論之外的概念，才能比較完整地賦給理論內部的命題確切的意義。可是這些理論外的概念又如何呢？它們仍負載著特定文化裡的理論外的意含。

如此看來，所有理論都不是文化中立的──不管它立意成為全盤理論或局部理論，因為從理論活動的進程上看，以及從理論的實際構成上看，它都無法自外於特定文化的條件。

這種依傍於文化條件的理論活動，令其所成的結果──一個一個的理論──需要在其所由出的文化中，才最能顯現其確實意義，也才最容易給人加以論證或反證，也才最不易隨意被曲解，或任意被誤用。

談到理論活動的文化脈絡和文化條件，我們不要遺忘上一節裡所提的知性和感性之間，理性和感情之間，互依互偎，相衍相生的關係。在一個文化中，某一個理論也許是純粹知性上的事，但是它所在的文化脈絡對此理論是否只是以理支撐，而非以情相待，卻又是另外一回事。一個純屬知性的理論不一定沒有情意豐富，從屬感性的後設理論。

　　中國自從西學東漸以來，一兩百年都困擾於是否接受西方理論，西方理論是否適用於中國，以及西方理論的中國化等等的問題。這類問題有幾個彼此相關的層面，現在讓我們從「理論的移植」的觀點來討論這類問題。

　　表面看來，跨文化的理論移植主要牽涉到的是跨語言的理論翻譯問題。我們只要將某一文化中，使用某一種語言建構起來的理論翻譯成另一文化中的另一種語言。這樣也就幾乎大功告成了。剩下來的是在後者的文化中，透過後者的語言，解釋該理論，瞭解該理論，以便進一步接受該理論。這就是理論移植的大業了。可是，說來這麼簡單輕鬆的事情，為什麼會在這一兩個世紀的中國知識份子的心靈裡翻起這麼多的思潮起伏，波瀾澎湃，直到今天還在學海揚風，餘光盪漾呢？

　　為了澄清理論移植的多層次的複雜性，讓我們首先探討一下翻譯的問題。

　　起先，翻譯好像是個頗為單純的問題。當我們在做兩種語言之間的跨語言翻譯時，我們只要將出現在其中一個語言的某一語詞或語句改寫成為另一語言中的某個語詞或語句，讓兩者之間具有同等的意義或指謂著同樣的事情或事物。可是，即使這麼單純簡潔的描述，內裡已經隱藏著不少奧理玄機。從比較淺白處說起。當我們要進行跨語言的翻譯時，我們是否總是能在某一語言中尋找到剛好與另一語言中同樣意含和同樣用法的相應語詞？語詞所裝載的是概念。但是上面我們已經說過概念背負著特定文化的內涵。所以一個文化中的概念並不容易在另外一個文化中找到文化內涵相同的另一概念，與它相互比配。也因此，裝載這樣的概念的語詞，也就不容易在另一個語言中找到與之匹配而可資翻譯的語詞了。

　　說到這裡，我們特別要提醒自己，對翻譯一事做一個根底的審查。

我們一般很容易不加思索地將翻譯的活動過份簡單化，以為翻譯只是語言和語言之間的表面轉換活動，只要藉著良好的字典辭書或語詞彙編之助，跨語言的翻譯活動也就可以暢順進行，無往不利。這是一種極為粗淺而又不切實際的想法。

翻譯當做一種活動來看，本身是一種記號行為。它包含著接收記號、解釋記號、理解記號，並且在另一個語言系統中尋找適當的記號而將記號加以發佈的行為。在這樣的複雜的記號活動過程中，為了確保翻譯的成功，除了在極為單純的個例處理上之外，我們通常不只是取來原有的記號，瞭解它的意義，就代之以另一語言的其他記號，供做翻譯。這個簡單的文本對文本的構想之所以過分粗淺而不切實際，原因在於文本本身並不能完整有效地提供意義或用法。為了瞭解原來的文本，為了瞭解它的意義或用法，我們首先必須在原來文本的語言之中，深入原來文本所在的文化脈絡。我們已經說過，概念和命題全都負載著文化的包袱，我們無法不先深入某一文化之中，而就能暢順有效地翻譯出在該文化裡出現的概念和命題。所以，如果我們想以認真務實的態度面對翻譯的話，我們就不能將翻譯一事只當成一種文本對文本的簡單轉換的工作。這種「文本翻譯觀」是種太過簡單虜淺的想法。我們必須轉而將翻譯想成是種瞭解並且重新在另一語言中發佈原來文本的記號行為的活動。這是一種「行動翻譯觀」。它把翻譯想成是一種記號活動在另一語言中的再製或復現。⓰當我們在從事翻譯工作的時候，我們首先試圖瞭解原來的文本，在原來的文化中所扮演

⓰ 關於「文本翻譯」(text-translation) 和「行動翻譯」(act-translation) 之對比，可參見作者之 "On Different Conceptions of Translation: The Pragmatic, the Semantic and the Syntactic"，《人文學刊》，第五期，香港中文大學，1996年。

的記號活動，然後在另一語言之中重新複製或仿造那一個記號活動，然後將它的結果發佈出來。這樣一說，我們也就明白翻譯一事的複雜程度了。

　　一般來說，跨越不同語言的翻譯經常遭遇不易踰越的難題，因為跨越不同語言的翻譯涵蘊著跨越不同文化的認知、表意和傳思。不同的文化有很不同或不盡相同的模態和表達結構用以進行此類記號活動。

　　在這樣的闡釋裡，我們並沒有考慮一個文化傳統中的文化嬗變現象。比方，我們並未考慮大文化與小文化，主流文化和反主流文化，通俗文化和精緻文化等等之間的對抗和爭鬥。可是，如果我們考慮著跨越文化的轉換時，這類文化內部的對立爭執現象就變得格外重要。翻譯之不能做到表意上的恰到好處，理由往往在於從事翻譯的人沒有適當把握這種文化內部的對立和分合關係，或者無法將這種關係適當地表現在另一個文化的情境之中。

　　談到理論的移植，我們更需特別注意這一點。通常我們在討論理論的移植時，我們所指的理論並不是常識之中的理論——雖然這類的常識理論也可以跨文化地加以移植。我們指的一般是科學的，特別是社會科學或人文科學中的理論。這類的理論，用我們本文的術語來說，經常出現在一個個專科裡的一個個的小語言之中。這就為理論的移植和理論的翻譯問題帶來另一層面的難題。

　　我們說過，一個小語言不會是在真空的脈絡中開拓發展出來。小語言的出現通常為了填補大語言的不足。它常常通過改造大語言開始，為了特定目的和功能發展壯大起來。等到發展成熟之後，它又會反過來衝擊大語言，甚至滲透於大語言中，改造大語言。換句話說，一個個專科理論所構成的文化，通常起於一個大文化傳統之中，但是一經

發展成熟之後，又反過來滲透於該大文化之中，改造大文化，重建大文化。那麼出現在專科裡，表現在該專科的小語言中的理論，當有人試圖將它移植到另一文化之中時，遭遇到什麼難題呢？我們可以這樣設想：當我們要將某一個文化中的專科小文化裡的理論移植到另一文化之中時，我們要怎樣在後者這一文化中，開拓出一個相對於前者那一小文化的小語言，用以表述這個理論，使它有意義地安置到後者這個大文化之中呢？

在某一文化中開闢一個小語言，那是一回事。這個小語言開闢出來之後，能夠順暢地安置於大語言之中，不受抵制，不被排斥，那又是另一回事。在後者這一文化中，這樣的小語言和大語言的關係和日後的交互作用是否類同於前者那一文化中，該小語言和大語言的關係和交互作用，這又是另外的一回事。在一個文化中，某一小語言也許能順利地和大語言產生溝通和對話，因此被通融受吸納，達到改造大語言的目的。可是在另一個文化中，由於移植和翻譯而創造出來的小語言，與其原來的大語言之間，就不一定能夠表現出如此具有建設性的互動關係。理論的跨越文化移植所產生的困難正在於此。因為理論的移植不只是概念的翻譯，也不只是命題的翻譯。它是小語言的複製，它是小語言與大語言的溝通互動。它是整個文化的移植，甚至是整個文化的轉型。

我們這樣的闡述還沒有考慮到知性的理論往往和感性的價值具有密切的關係。一個外來的理論——一個出現在外來文化中的小語言的理論，它之所以被阻擋和被排斥，往往不在於我們無法在自己的文化中仿造出一個小語言來建構那個理論，有時真正的原因在於自己文化中的大語言的非知性成素阻礙了那種小語言的構作，或者排斥這種小語言，孤立這種小語言，令它無法參與大語言的交互作用。

參考資料

　　近十幾年來，作者曾多次為文闡釋有關理論的問題。其中有些論
點無法在本文中再加闡述，因此將該等文字及刊佈出處羅列如下，以
供參考。

⑴〈從方法學的觀點看社會科學研究的中國化問題〉， 收於文崇一、
　　楊國樞編：《社會與行為科學研究的中國化》， 台北， 1982年4月。
　　又收於何秀煌：《哲學的智慧與歷史的聰明》，東大圖書公司，台北，
　　1983年。又收於《國外社會學》， 1993年三至四期（總四十五至四
　　十六期），北京， 1993年8月1日。

⑵〈理論的作用和理論的證立〉，《現代哲學》，期數待查，廣州， 1982
　　年。

⑶〈理論的構成與功能〉，收於何秀煌：《文化‧哲學與方法》， 東大
　　圖書公司，台北， 1988年， 頁83–115。

⑷〈科學理論與科學傳統〉，《自然辯證法研究》， 第三卷第六期，北
　　京， 1987年。又刊於《自然辯證法通訊》， 1988年第一期，北京。
　　刪節版刊於《現代哲學》， 1987年第四期，廣州。

⑸〈語言、文化與理論移植〉， 發表於「西方社會科學理論的移植與
　　運用合作研究會議」，香港中文大學， 1992年8月3至5日。收於杜祖
　　貽編：《西方社會科學理論的移植與應用》，香港中文大學， 1993年
　　8月。

⑹《人性‧記號與文明──語言‧邏輯與記號世界》，東大圖書公司，
　　台北， 1992年。

⑺〈何秀煌〉，收於《二十世紀中國哲學》第二卷人物志（上），方克

立、王其水編，華夏出版社，北京，1995年。

(8)〈現代・現代性與現代化 ―― 語言・概念與意義〉（上）（下），《哲學戰線》季刊，第三至第四期，山東，1994年9月及12月。修訂本收於《現代與多元 ―― 跨學科的思考》，周英雄編，東大圖書公司，台北，1996年。

1996年11月24日

本書作者另著有《0與1之間》、《現代社會與現代人》、《邏輯語彙初編》、《中譯邏輯學詞彙》、《邏輯（上）：邏輯的性質與邏輯的方法導論》、《生命的小歌(一)：愛之姿》等。

滄海叢刊書目（二）

國學類

先秦諸子繫年	錢　　穆	著
朱子學提綱	錢　　穆	著
莊子纂箋	錢　　穆	著
論語新解	錢　　穆	著
周官之成書及其反映的文化與時代新考	金春峯	著
尚書學述（上）、（下）	李振興	著
周易縱橫談	黃慶萱	著
考證與反思	陳勝長	著
——從《周官》到魯迅		

哲學類

哲學十大問題	鄔昆如	著
哲學淺論	張　康	譯
哲學智慧的尋求	何秀煌	著
哲學的智慧與歷史的聰明	何秀煌	著
文化、哲學與方法	何秀煌	著
人性・記號與文明	何秀煌	著
——語言・邏輯與記號世界		
傳統・現代與記號學	何秀煌	著
——語言・文化和理論的移植		
邏輯與設基法	劉福增	著
知識・邏輯・科學哲學	林正弘	著
現代藝術哲學	孫　旗	譯
現代美學及其他	趙天儀	著
中國現代化的哲學省思	成中英	著
——「傳統」與「現代」理性的結合		
不以規矩不能成方圓	劉君燦	著
恕道與大同	張起鈞	著
現代存在思想家	項退結	著
中國思想通俗講話	錢　　穆	著
中國哲學史話	吳怡、張起鈞	著

中國百位哲學家　　　　　　　　　　黎建球著
中國人的路　　　　　　　　　　　　項退結著
中國哲學之路　　　　　　　　　　　項退結著
中國人性論　　　　　　　　　　　臺大哲學系主編
中國管理哲學　　　　　　　　　　　曾仕強著
孔子學說探微　　　　　　　　　　　林義正著
心學的現代詮釋　　　　　　　　　　姜允明著
中庸誠的哲學　　　　　　　　　　　吳　怡著
中庸形上思想　　　　　　　　　　　高柏園著
儒學的常與變　　　　　　　　　　　蔡仁厚著
智慧的老子　　　　　　　　　　　　張起鈞著
老子的哲學　　　　　　　　　　　　王邦雄著
當代西方哲學與方法論　　　　　　臺大哲學系主編
人性尊嚴的存在背景　　　　　　　　項退結編訂
理解的命運　　　　　　　　　　　　殷　鼎著
馬克斯·謝勒三論　　　阿弗德·休慈原著、江日新譯
懷海德哲學　　　　　　　　　　　　楊士毅著
海德格與胡塞爾現象學　　　　　　　張燦輝著
洛克悟性哲學　　　　　　　　　　　蔡信安著
伽利略·波柏·科學說明　　　　　　林正弘著
儒家與現代中國　　　　　　　　　　韋政通著
思想的貧困　　　　　　　　　　　　韋政通著
近代思想史散論　　　　　　　　　　龔鵬程著
魏晉清談　　　　　　　　　　　　　唐翼明著
中國哲學的生命和方法　　　　　　　吳　怡著
生命的轉化　　　　　　　　　　　　吳　怡著
孟學的現代意義　　　　　　　　　　王支洪著
孟學思想史論（卷一）　　　　　　　黃俊傑著
莊老通辨　　　　　　　　　　　　　錢　穆著
墨家哲學　　　　　　　　　　　　　蔡仁厚著
柏拉圖三論　　　　　　　　　　　　程石泉著
倫理學釋論　　　　　　　　　　　　陳　特著
儒道論述　　　　　　　　　　　　　吳　光著
新一元論　　　　　　　　　　　　　呂佛庭著

宗教類

佛教思想發展史論	楊惠南 著
佛教思想的傳承與發展	釋恒清主編
——印順導師九秩華誕祝壽文集	
佛典成立史	水野弘元著、劉欣如譯
圓滿生命的實現（布施波羅密）	陳柏達 著
薝蔔林·外集	陳慧劍 著
維摩詰經今譯	陳慧劍譯註
龍樹與中觀哲學	楊惠南 著
公案禪語	吳怡 著
禪學講話	芝峰法師 譯
禪骨詩心集	巴壺天 著
中國禪宗史	關世謙 譯
魏晉南北朝時期的道教	湯一介 著
佛學論著	周中一 著
當代佛教思想展望	楊惠南 著
臺灣佛教文化的新動向	江燦騰 著
釋迦牟尼與原始佛教	于凌波 著
唯識學綱要	于凌波 著
從印度佛教到中國佛教	冉雲華 著
中印佛學泛論	藍吉富主編
——傅偉勳教授六十大壽祝壽論文集	
禪史與禪思	楊惠南 著

社會科學類

中華文化十二講	錢穆 著
民族與文化	錢穆 著
楚文化研究	文崇一 著
中國古文化	文崇一 著
社會、文化和知識分子	葉啟政 著
儒學傳統與文化創新	黃俊傑 著
歷史轉捩點上的反思	韋政通 著
中國人的價值觀	文崇一 著

奉天承運　　　　　　　　　　　　　　　　　　　　　　王　健　文　著
　　——古代中國的「國家」概念及其正當性基礎
紅樓夢與中國舊家庭　　　　　　　　　　　　　　　　　薩　孟　武　著
社會學與中國研究　　　　　　　　　　　　　　　　　　蔡　文　輝　著
比較社會學　　　　　　　　　　　　　　　　　　　　　蔡　文　輝　著
我國社會的變遷與發展　　　　　　　　　　　　　　　　朱　岑　樓主編
三十年來我國人文及社會科學之回顧與展望　　　　　　　賴　澤　涵主編
社會學的滋味　　　　　　　　　　　　　　　　　　　　蕭　新　煌　著
臺灣的國家與社會　　　　　　　　　　　　　徐正光、蕭新煌主編
臺灣的社區權力結構　　　　　　　　　　　　　　　　　文　崇　一　著
臺灣居民的休閒生活　　　　　　　　　　　　　　　　　文　崇　一　著
臺灣的工業化與社會變遷　　　　　　　　　　　　　　　文　崇　一　著
臺灣社會的變遷與秩序（政治篇）、（社會文化篇）　　　文　崇　一　著
鄉村發展的理論與實際　　　　　　　　　　　　　　　　蔡　宏　進　著
臺灣的社會發展　　　　　　　　　　　　　　　　　　　席　汝　楫　著
透視大陸　　　　　　　　　　　　　　政治大學新聞研究所主編
寬容之路　　　　　　　　　　　　　　　　　　　　　　謝　延　庚　著
　　——政黨政治論集
憲法論衡　　　　　　　　　　　　　　　　　　　　　　荊　知　仁　著
周禮的政治思想　　　　　　　　　　　　　　周世輔、周文湘　著
儒家政論衍義　　　　　　　　　　　　　　　　　　　　薩　孟　武　著
制度化的社會邏輯　　　　　　　　　　　　　　　　　　葉　啟　政　著
臺灣社會的人文迷思　　　　　　　　　　　　　　　　　葉　啟　政　著
臺灣與美國的社會問題　　　　　　　　　　　蔡文輝、蕭新煌主編
自由憲政與民主轉型　　　　　　　　　　　　　　　　　周　陽　山　著
蘇東巨變與兩岸互動　　　　　　　　　　　　　　　　　周　陽　山　著
教育叢談　　　　　　　　　　　　　　　　　　　　　　上官業佑　著
不疑不懼　　　　　　　　　　　　　　　　　　　　　　王　洪　鈞　著
戰後臺灣的教育與思想　　　　　　　　　　　　　　　　黃　俊　傑　著
太極拳的科學觀　　　　　　　　　　　　　　　　　　　馬　承　九編著
兩極化與分寸感　　　　　　　　　　　　　　　　　　　劉　笑　敢　著
　　——近代中國精英思潮的病態心理分析
唐人書法與文化　　　　　　　　　　　　　　　　　　　王　元　軍　著
Ｃ理論——易經管理哲學　　　　　　　　　　　　　　　成　中　英　著

史地類

國史新論	錢　穆　著
秦漢史	錢　穆　著
秦漢史論稿	邢義田　著
宋史論集	陳學霖　著
宋代科舉	賈志揚　著
中國人的故事	夏雨人　著
明朝酒文化	王春瑜　著
劉伯溫與哪吒城 　　——北京建城的傳說	陳學霖　著
歷史圈外	朱　桂　著
歷史的兩個境界	杜維運　著
近代中國變局下的上海	陳三井　編
當代佛門人物	陳慧劍　著
弘一大師論	陳慧劍　著
弘一大師傳（修訂新版）	陳慧劍　著
杜魚庵學佛荒史	陳慧劍　著
蘇曼殊大師新傳	劉心皇　著
近代中國人物漫譚	王覺源　著
近代中國人物漫譚續集	王覺源　著
影響現代中國第一人	石永貴　編
魯迅這個人	劉心皇　著
沈從文傳	凌　宇　著
三十年代作家論	姜　穆　著
三十年代作家論續集	姜　穆　著
當代臺灣作家論	何　欣　著
史學圈裏四十年	李雲漢　著
師友風義	鄭彥棻　著
見賢集	鄭彥棻　著
思齊集	鄭彥棻　著
懷聖集	鄭彥棻　著
憶夢錄	呂佛庭　著
古傑英風 　　——歷史傳記文學集	萬登學　著

走向世界的挫折
　　——郭嵩燾與道咸同光時代　　　　　汪榮祖　著
周世輔回憶錄　　　　　　　　　　　　周世輔　著
三生有幸　　　　　　　　　　　　　　吳相湘　著
孤兒心影錄　　　　　　　　　　　　　張國柱　著
我這半生　　　　　　　　　　　　　　毛振翔　著
我是依然苦鬥人　　　　　　　　　　　毛振翔　著
八十憶雙親、師友雜憶（合刊）　　　　錢　穆　著
烏啼鳳鳴有餘聲　　　　　　　　　　　陶百川　著

語文類

標點符號研究　　　　　　　　　　　　楊　遠　編著
訓詁通論　　　　　　　　　　　　　　吳孟復　著
翻譯偶語　　　　　　　　　　　　　　黃文範　著
翻譯新語　　　　　　　　　　　　　　黃文範　著
翻譯散論　　　　　　　　　　　　　　張振玉　著
中文排列方式析論　　　　　　　　　　司　傑　著
杜詩品評　　　　　　　　　　　　　　楊慧傑　著
詩中的李白　　　　　　　　　　　　　楊慧傑　著
寒山子研究　　　　　　　　　　　　　陳慧劍　著
司空圖新論　　　　　　　　　　　　　王潤華　著
詩情與幽境　　　　　　　　　　　　　侯迺慧　著
　　——唐代文人的園林生活
歐陽修詩本義研究　　　　　　　　　　裴普賢　著
品詩吟詩　　　　　　　　　　　　　　邱燮友　著
談詩錄　　　　　　　　　　　　　　　方祖燊　著
情趣詩話　　　　　　　　　　　　　　楊光治　著
歌鼓湘靈　　　　　　　　　　　　　　李元洛　著
　　——楚詩詞藝術欣賞
中國文學鑑賞舉隅　　　　黃慶萱、許家鸞　著
中國文學縱橫論　　　　　　　　　　　黃維樑　著
漢賦史論　　　　　　　　　　　　　　簡宗梧　著
古典今論　　　　　　　　　　　　　　唐翼明　著
亭林詩考索　　　　　　　　　　　　　潘重規　著
浮士德研究　　　　　　　　　　　　　李辰冬　著

十八世紀英國文學	宋　美　璍	譯
——諷刺詩與小說		
蘇忍尼辛選集	劉　雲　先	譯著
文學欣賞的靈魂	劉　安　述	著
小說創作論	羅　　盤	著
小說結構	方　祖　燊	著
借鏡與類比	何　冠　驥	著
情愛與文學	周　伯　乃	著
鏡花水月	陳　國　球	著
文學因緣	鄭　樹　森	著
解構批評論集	廖　炳　惠	著
細讀現代小說	張　素　貞	著
續讀現代小說	張　素　貞	著
現代詩學	蕭　　蕭	著
詩美學	李　元　洛	著
詩人之燈	羅　　青	著
——詩的欣賞與評論		
詩學析論	張　春　榮	著
修辭散步	張　春　榮	著
修辭行旅	張　春　榮	著
橫看成嶺側成峯	文　曉　村	著
大陸文藝新探	周　玉　山	著
大陸文藝論衡	周　玉　山	著
大陸當代文學掃描	葉　穉　英	著
走出傷痕	張　子　樟	著
——大陸新時期小說探論		
大陸新時期小說論	張　　放	著
大陸新時期文學（1976－1989）	唐　翼　明	著
——理論與批評		
兒童文學	葉　詠　琍	著
兒童成長與文學	葉　詠　琍	著
累廬聲氣集	姜　超　嶽	著
林下生涯	姜　超　嶽	著
青　春	葉　蟬　貞	著
牧場的情思	張　媛　媛	著
萍踪憶語	賴　景　瑚	著

現實的探索	編 著
一縷新綠	著
金排附	礒扉豪發萊金蕭煌陽秋玄民斌濤江標塵喬鬱鬱欽美聖夫民默怡 著
放鷹	著
黃巢殺人八百萬	銘延錦澤瑞 著
泥土的香味	著
燈下燈	著
陽關千唱	著
種籽	著
無緣廟	著
鄉事	陳柴鍾吳宋彭蕭陳向 著
余忠雄的春天	著
吳煦斌小說集	陳林鍾吳葉許唐陌李林林卜李洛趙吳 編
卡薩爾斯之琴	艷清鐵煦石振文貴希衛 著
青囊夜燈	著
我永遠年輕	著
思想起	著
心酸記	著
孤獨園	著
離訣	著
托塔少年	著
北美情逅	著
日本歷史之旅	著
孤寂中的廻響	著
火天使	張 著
無塵的鏡子	著
關心茶	
──中國哲學的心	
放眼天下	陳卜王勞黑黃畢潘 著
生活健康	雄元雲光野英璨規 著
文化的春天	新鍾保思和重 著
思光詩選	著
靜思手札	著
狡兔歲月	著
老樹春深更著花	著
列寧格勒十日記	

文學與歷史　　　　　　　　　　　　　　　　　胡　秋　原　著
　　——胡秋原選集第一卷
晚學齋文集　　　　　　　　　　　　　　　　　黃　錦　鋐　著
天山明月集　　　　　　　　　　　　　　　　　童　　山　著
古代文學精華　　　　　　　　　　　　　　　　郭　　丹　著
山水的約定　　　　　　　　　　　　　　　　　葉　維　廉　著
明天的太陽　　　　　　　　　　　　　　　　　許　文　廷　著
在天願作比翼鳥　　　　　　　　　　　　　　　李　元　洛輯注
　　——歷代文人愛情詩詞曲三百首
千葉紅芙蓉　　　　　　　　　　　　　　　　　李　元　洛輯注
　　——歷代民間愛情詩詞曲三百首
醉樵軒詩詞吟草　　　　　　　　　　　　　　　楊　道　淮　著
陳寅恪晚年詩文釋證　　　　　　　　　　　　　余　英　時　著
鳴酬叢編　　　　　　　　　　　　　　　　　　李　飛　鵬編纂
秩序的探索　　　　　　　　　　　　　　　　　周　慶　華　著
　　——當代文學論述的省察
樹人存稿　　　　　　　　　　　　　　　　　　馬　哲　儒　著

美術類

音樂與我　　　　　　　　　　　　　　　　　　趙　　琴　著
音樂隨筆　　　　　　　　　　　　　　　　　　趙　　琴　著
美術鑑賞　　　　　　　　　　　　　　　　　　趙　惠　玲　著
爐邊閒話　　　　　　　　　　　　　　　　　　李　抱　忱　著
琴臺碎語　　　　　　　　　　　　　　　　　　黃　友　棣　著
樂林蓽露　　　　　　　　　　　　　　　　　　黃　友　棣　著
樂谷鳴泉　　　　　　　　　　　　　　　　　　黃　友　棣　著
樂韻飄香　　　　　　　　　　　　　　　　　　黃　友　棣　著
樂海無涯　　　　　　　　　　　　　　　　　　黃　友　棣　著
弘一大師歌曲集　　　　　　　　　　　　　　　錢　仁　康編著
立體造型基本設計　　　　　　　　　　　　　　張　長　傑　著
工藝材料　　　　　　　　　　　　　　　　　　李　鈞　棫　著
裝飾工藝　　　　　　　　　　　　　　　　　　張　長　傑　著
人體工學與安全　　　　　　　　　　　　　　　劉　其　偉　著
現代工藝概論　　　　　　　　　　　　　　　　張　長　傑　著
藤竹工　　　　　　　　　　　　　　　　　　　張　長　傑　著
石膏工藝　　　　　　　　　　　　　　　　　　李　鈞　棫　著

色彩基礎　　　　　　　　　　　　　　何　宗　著著
當代藝術采風　　　　　　　　　　　王　雲　著著
都市計劃概論　　　　　　　　　　　王　保　鯤　著著
建築設計方法　　　　　　　　　　　陳　紀　雄　著
古典與象徵的界限　　　　　　　　　李　政　明　著
　　── 象徵主義畫家莫侯及其詩人寓意畫　　　明　標　著
民俗畫集　　　　　　　　　　　　　吳　廷　子　著著
畫壇師友錄　　　　　　　　　　　　黃　苗　森　著
自說自畫　　　　　　　　　　　　　高　木

～涵泳浩瀚書海　激起智慧波濤～